AF243680

DE

PARIS A BISKRA

Raoul Bergot

De Paris à Biskra

PARIS

IMPRIMERIE PARISIENNE

19, RUE DU FAUBOURG SAINT-DENIS, 19

1889

A Georges GERBAULT

RAOUL BERGOT

AVANT-PROPOS

Dans l'Exposition algérienne, que voit-on
surtout? — Le côté oriental, les étoffes, les
cuirs, les tapis indigènes. Tout cela éclate,
pétarde, avec des couleurs vibrantes, et tire
l'œil en trompant l'esprit du visiteur, qui
ne voit encore l'Algérie, que sous son côté
arabe. Cependant, dans les trois salles
d'échantillons de vins, il y a là une preuve
et une preuve magnifique de la conquête
moderne de cette terre barbare, par la civi-

lisation française. Chaque bouteille de vin ne représente-t-elle pas un clos, et, souvent un domaine d'une centaine d'hectares ?

Mais tout ceci ne surprend pas ; les verres sont de la même forme que ceux de France ; il faut longtemps réfléchir pour deviner que cette exposition si nue de ces trois salles, exprime, dans sa simplicité, un pas de géant fait par le progrès, grâce à la race française, de l'autre côté de la Méditerranée.

Toutes ces bimbeloteries coloriées viennent du faubourg Saint-Antoine ; l'Algérie arabe n'a fourni que les modèles ; pas un Parisien ne s'y trompe ; toutes les soieries viennent de Lyon. Quelques uns de ces marchands sont des Maures qui roulent les foires ; mais ce qui domine parmi eux, ce sont les Juifs de Tunis. Ils pullulent, ils triomphent comme marchands de nougat, de faux bibelots, et comme impressarii de danseuses du ventre. Est-ce l'Algérie d'aujourd'hui ? — Non, certes.

On eut été plus satisfait de mieux se rendre compte, de tout le progrès accompli depuis vingt ans, par les Algériens.

Ceux qui vivent là-bas, ces colons d'Afrique traités, par Charles Ferry, de buveurs d'absinthe et de mercantis, ont parmi eux une certaine quantité de brebis galeuses; ainsi que Paris a ses héros, chers à Bruant, et l'armée, ses zéphirs. C'est par ses actions d'éclat qu'on juge un régiment, et non par la valeur individuelle de ses soldats. Il faut donc juger les colons d'après leur œuvre ; l'œuvre des Algériens, déjà si forte, deviendra grandiose.

Comme une armée, ils s'étendent sur cette terre, depuis dix siècles, barbare, inculte, couverte de ruines, dont le sol a été envahi par les chardons gigantesques et les brous-sailles; ils conquièrent cette Afrique, à la pioche, à la charrue. Ils sont les pionniers de la civilisation et méritent bien de la Pa-trie ; car, à chaque champ qu'ils défrichent, à chaque arbre qu'ils plantent, c'est le sol de la France qui grandit et s'enrichit.

Voilà ce qu'on ignore en France où les masses ne voient encore l'Algérie que sous une tente et avec un burnous.

Si elle était plus connue, l'œuvre des Algériens, présentée avec vérité, les paysans français n'émigreraient pas en si grand nombre pour les Amériques, allant risquer la misère sur les bords de la Plata ou ailleurs, et sans profit pour la France.

Les Ministres n'auraient pas à s'inquiéter, à ordonner aux Préfets de prévenir leurs administrés, contre les promesses et les descriptions fallacieuses des pays du Nouveau-Monde. Les émigrants partent cependant, poussés par le besoin, et ils vont se perdre pour le Pays.

S'ils avaient mieux connu l'Algérie, non pas celle des Bédouins, mais celle des colons français, si, souvent ils avaient entendu parler avec plaisir, émotion et sympathie de ces Algériens, ils auraient voulu aller partager leur œuvre, qui leur procure la fortune et l'estime. Ils auraient quitté la France, mais pour l'agrandir. Ils n'auraient point filé vers l'ouest, sur des terres où rien n e leur rappelle leur Patrie, mais ils seraient montés sur la Méditerranée pour débarquer là ou il faut que la nouvelle France s'élève.

L'auteur de ce livre a donc pensé, maintenant que tout Paris a vu l'Exposition, qu'une partie de la France a traversé l'Esplanade des Invalides, qu'il serait peut-être à propos, d'essayer une esquisse rapide de l'Algérie, de ses cotés peu connus et surtout du colon. C'est un Français, il mérite notre sympathie ; et, sa vie particulière, heurtée, emportée dans bien des difficultés, inconnues à la vie ordinaire du pays natal, peut éveiller la curiosité.

Pendant que Brouillet peignait à Constantine sa *Noce Juive*, présageant déjà ses grands et légitimes succès, aux Salons suivants, avec le *Paysan blessé*, l'*Amour aux Champs* et surtout ce superbe *Charcot à la Salpêtrière*, je passais de bien bonnes heures dans la maison arabe qu'il avait louée et qui lui servait d'atelier.

Bien qu'il habitât, depuis des mois, l'Algérie, il était tout étonné de m'entendre lui donner certains détails curieux de la vie algérienne, lui décrire ses types. Il en fut si frappé, qu'il voulut venir passer une quinzaine chez moi, pour étudier de près ces Algériens dans leurs travaux, leurs scènes de vie laborieuse, se déroulant dans ce merveilleux cadre donné par l'Afrique.

Tous les artistes, malheureusement, n'ont pas eu ces excellentes idées. Dans Tartarin se trouve une phrase qui a été souvent employée comme un stigmate pour les colons.

Les Algériens de 1860, tels que Daudet les a peints, « coiffés de grands feutres gris, attablés autour des verres d'absinthe, discutant politique », sont depuis long-

temps disparus, couchés dans — les champs
de tabac. — Maupassant a traité l'Algérien, carrément, de criminel. Le colon
n'a donc pas été heureux avec ses pein-
tres; ils l'ont défiguré et éreinté. Nul n'a
pu le bien connaître, l'étudier longtemps et
consciencieusement; tous ont écrit en vir-
tuoses, en faiseurs de chic, s'écartant de
la méthode du maître, de Zola.

Ah! celui-là, s'il n'avait pas été si séden-
taire, si ennemi des voyages, comme il me
l'écrivait, aurait pu venir de l'autre côté
de la Méditerranée, et, de son regard investigateur et puissant, il aurait vite saisi le
colon sous son vrai et beau côté, eût-il été,
à son sujet, imbu d'opinions hostiles et faus-
ses, opinions des masses et des super-
ficiels!

Les Algériens ont leurs opinions, leurs
besoins, leurs enthousiasmes et leurs ran-
cunes. Mais ce sont des hommes avec une
belle somme de travail à leur actif, prou-

vant leur valeur ; leurs idées, ils peuvent
les discuter et les défendre.

Parmi ces opinions que j'ai transcrites,
plusieurs choqueront plus d'un lecteur
dont l'opinion est déjà faite. J'ai tenu à
peindre, avec bonne foi et sincérité, le colon
algérien, tel que je le connais, avec ses ja-
lousies, ses bons côtés et ses dires. Si c'est
étrange, et, surtout en dehors des données
reçues parmi les écrivains et les lecteurs de
Paris et de la France, si la crudité du mot
et l'âpreté du trait offusquent, j'en appelle
à mon modèle, pour juger de la ressemblance et de la vérité, seul but de ce livre.

Il peut y paraître aussi des coins avec
des nudités morales trop relevées. Dans les
voyages, surtout dans le midi, n'est-on pas
obligé de goûter au piment ? De plus à
l'étranger, la curiosité a ses libertés ; surtout pour ceux qui veulent voir en penseurs,
et non en vulgaires curieux, amateurs de
sensations malsaines.

Malgré ces détails hardis, joyeux plutôt, si naturels en Afrique, j'espère qu'après le livre lu, chacun en comprendra le but, qui est de faire connaitre, en passant au milieu des gais imprévus d'un voyage, l'Algérie avec ses colons, dans ses côtés particuliers et peu connus, au point de vue français, alors qu'à la veille, peut-être, d'une conflagration européenne, les peuples de la Méditerranée en sont si jaloux et la couvent de tant de convoitises.

Quelques Algériens, des pessimistes, jettent des cris d'alarme et entrevoient un avenir menaçant. Ils se plaignent; ils imputent au mauvais système employé dans la Colonie, l'arrêt de son essor et de sa fortune.

En face des magnifiques résultats déjà obtenus, que ne doit-on pas espérer pour plus tard, si la France, plus soucieuse de sa colonie, se préoccupe de ses besoins et de ses désirs, et surtout si les habitants de ce pays, sentant mieux que quiconque, les réformes nécessaires, peuvent terminer des rivalités et des hostilités pernicieuses, s'unir par les liens des intérêts, seuls et véritables rivets capables de rapprocher ces races, de sang différent, arrivent, enfin, à se montrer capables, vis-à-vis de la Mère-Patrie, pour terminer ces fautes et ces erreurs des commencements et de l'inexpérience, de devenir, à l'exemple des colonies de l'Angleterre, les maîtres d'une initiative plus grande pour mener leur pays ! (1)

7 Octobre 1889, à Paris.

(1) Comme il se trouve, pour des raisons inutiles à dire, un assez grand nombre d'incorrections dans l'impression, le lecteur est prié de jeter un coup d'œil attentif aux *errata*.

DE PARIS A BISKRA

I

Ne vous est-il jamais, au cours des giboulées
et des brumes glaciales de Mars, arrivé de
vouloir quitter subitement Paris, où l'on ne sait
quoi faire, où l'on s'ennuie à mourir ; de rêver
enfin une autre contrée moins humide et plus
ensoleillée?

Alors votre imagination vagabonde cherche
l'endroit rêvé où vous pourrez aller assouvir
votre amour de printemps et de soleil et vous
poussez jusqu'à Biskra !

Biskra !

Autrefois l'on ne pouvait faire que ce rêve,
car le voyage au Sahara était toute une affaire ;
aujourd'hui, il devient rapidement une réalité.

Grâce à une courte traversée sur les flots

bleus et poétiques de la Méditerranée et aux nouveaux wagons capitonnés sahariens, vous êtes en quatre-vingts heures à Biskra.

Parti à 7 heures 15 de Paris, vous déjeunez le lendemain à Marseille et à midi vous embarquez pour aborder le lendemain sur la terre d'Afrique, à Philippeville. Comme cette ville n'est ni antique, ni curieuse à visiter, vous la brûlez et prenez le premier train du matin qui arrive à Constantine à 10 heures.

Quel ravissant voyage !

Depuis Marseille, vous êtes dans la lumière et le soleil ; l'enchantement de vos yeux et surtout de votre imagination va toujours grandissant.

Emporté par le train, la vapeur vous mène vertigineusement vers un éblouissant continent — véritable Eden — à travers des jardins sans pareils, des vignes, des orangers, des plantations de toute sorte d'une vigueur surprenante, le tout tamisé par de grands brouillards blancs, que percent bien vite les rayons vifs d'un soleil ici sans rival.

Hélas ! qu'elle est déjà loin l'époque des diligences et des breaks de Biskra, dont la sage lenteur n'était pas cependant sans attrait, et auxquels nous serions ingrats si nous n'adressions pas un amical adieu, en souvenir de leur pittoresque locomotion.

En sortant de ces zônes rayonnantes de verdure et de fraîcheur, vous gagnez les hauteurs les plateaux nus, sans habitation, où ne s'aperçoivent guère que des gares comme semées sur d'immenses tapis de verdure.

De temps en temps, le long de la voie, l'on voit marcher un arabe et plus loin une femme accroupie près d'une fontaine.

C'est la première apparition d'êtres d'une autre race.

Après avoir escaladé des montagnes, toujours dans un pays presque désert, vous arrivez bientôt à Constantine, tout étonné de n'être parti que de l'avant-veille de Paris !

Mais de quelle surprise étrange n'êtes-vous pas frappé en apercevant un spectacle si nouveau ; en voyant se dérouler devant vous un paysage si pittoresque !

Et ce n'est pas un rêve, car vous entendez crier de tous côtés :

— « Le Hamma ! le Hamma ! »

Vous voilà donc arrivé.

Une vue saisissante vous est alors offerte.

Sous un soleil incomparable, les horizons lointains apparaissent.

Entre ces montagnes aux formes bizarres et dont les lointains pitons sont encore couverts de neige, s'étend une vallée plus longue que la route de Paris à Etampes.

Bientôt, à un détour, comme accrochée au flanc d'un haut mamelon, couleur de brique, une ville apparaît avec ses toits rouges et ses blanches façades, ce sont les faubourgs de Constantine.

C'est Constantine ! vous écriez-vous, et vous pensez n'être éloigné d'elle que de quelques portées de fusil.

Mais entre ce mamelon et le voyageur, une vallée profonde et incommensurable s'étend, et il semble impossible que ce soit vers ce point que l'on marche.

En courant la courbe, à toute vapeur, la vallée se découvre davantage et l'on peut ainsi en mesurer. du regard ébloui. toute la profondeur vertigineuse ; puis en remontant les parois des montagnes qui l'encaissent, vous apercevez une fente immense entre deux montagnes de rochers à pic, et, sur l'une de ces montagnes — un roc nu — la ville, surplombant vers l'abîme, apparaît à vos yeux étonnés et ravis.

C'est bien Constantine !

Et pendant qu'un doute vous prend en examinant encore cet immense creux, qui s'étend béant sous vos yeux et paraît rendre infran-chissable l'espace compris entre vous et la ville, vous demeurez surpris autant qu'émerveillé, en considérant cette unique vallée du Roumel, avec sa rivière serpenteuse, se déroulant au fond, comme un ruban, à travers, tour à tour, des jardins merveilleux et des terres brunes et rouges.

Mais, durant que vos yeux se repaissent, vous filez toujours à toute vitesse, au milieu de tous ces enchantements de la vie jusqu'au moment où le train s'engouffre sous des tunnels, après lesquels vous débarquez de plein pied, à votre très grande surprise, à Constantine, cette ville aérienne et fantastique, qui vous apparaissait tout à l'heure comme inaccessible.

Une fois débarqué, au lieu de prendre une voiture et de vous rendre à l'hôtel, pour vous y reposer des fatigues du voyage, vous êtes pris de l'envie de marcher sous les rayons de ce soleil qui vous ravit, par les rues et places de cette ville curieuse, sillonnée partout d'omnibus aussi beaux que ceux du Terminus-Hôtel ; de riches calèches, de ducs et de phaétons élégants, filant, il faut bien l'avouer, plus vite que les voitures de Paris.

Mais ce qui vous séduit et vous réchauffe le plus — vous, parti en mars de Paris — c'est le climat, c'est la lumière.

Vous n'avez plus froid sous les rayons de ce soleil bienfaisant, aussi chaud que le soleil de juin et de juillet sur le boulevard Montmartre.

Le soleil est à la nature, ce que la jeunesse et la richesse sont à l'individu — à la femme surtout. Il donne la vie et la beauté.

C'est pourquoi l'on peut dire que Constantine est pimpante et coquette comme une jolie femme ; mais aussi, dans cette ville extraordinaire, quel tohu-bohu de gens affairés, quel grouillement d'êtres occupés et quel va-et-vient étonnant aux abords de la gare. On ne rencontre certes pas autant de vivacité et de mouvement dans nos principales villes de France. Et plus vous pénétrez dans la ville, plus vous êtes frappé d'étonnement par les curiosités que vous y rencontrez.

Voici d'abord le pont d'El-Kantara.

Approchez-vous du parapet de fer : vous reculez épouvanté après avoir calculé la profondeur et sondé cet abîme béant sous vos pieds, et au fond duquel, entre les rochers, le Roumel roule en mugissant. Le côté pittoresque de Constantine, ville essentiellement française, mais parsemée de ci de là de quelques mor-

ceaux de ville arabe, c'est que vous y pénétrez
par une rue aussi raide que celle de Notre-
Dame-de-Lorette, flanquée, de chaque côté,
de maisons de quatre étages, construites à
la française. Et partout vous êtes coudoyé
par des types orientaux, au milieu desquels
l'on aperçoit, ainsi que dans un décor de théâtre, l'Arabe pouilleux des campagnes, le Kabyle
crasseux, le Maure de la ville, propre et digne ;
semblable à un gros paquet d'étoffe, la Mauresque voilée, ne laissant voir que deux yeux
noirs ; la jolie petite Juive en simple gandouras
de laine bleue ou rouge, les bras et les jambes
nus, portant crânement la petite calotte de
velours pointue et vous dévisageant ; le Français
algérien d'une allure plus vive ; le zouave, les
mains dans les poches de sa large culotte, la calotte posée sur l'oreille lui donnant l'air effronté ;
le chasseur d'Afrique, élégamment posé sur
son petit cheval coquet et fier et qui vous a des
airs dégagés de beau mâle, avec sa grande chéchia bien plantée sur la tête, son vaste pantalon
et sa large ceinture rouge sur son dolman bleu ;
le turco bleu, au visage bronzé et le spahi
rouge, à la démarche conquérante.

Tout cela féerique, vibre, éclate au milieu
des costumes clairs des Arabes des vêtements
noirs des Européens, et semble vous reporter à

mille lieues de Paris, que vous n'avez cependant quitté que deux jours auparavant.

Arrivé sur la porte de votre hôtel, vous vous arrêtez pour regarder encore cette rue, véritable kaléïdoscope, et, tout ébloui, vous vous frottez les yeux comme saisi d'un soupçon d'hallucination, car vous vous répétez : mais enfin, enfin, avant-hier j'étais à Paris !

II

Trois jeunes Français s'étaient donné rendez-vous à Constantine, pour se rendre à Biskra, par la ligne de Batna à El-Kantara qui venait d'être livrée à la circulation. Le premier était un ingénieur sorti de l'Ecole, le deuxième le fils d'un grand filateur du Nord, le troisième un artiste voyageant avec sa maîtresse. Un Algérien — un colon, les accompagnait. Il tenait absolument à cette dernière appellation et était le cousin de l'artiste. Je ne ferai point leur portrait, ni ne définirai leur caractère qui se devinera vite. Je dirai seulement que l'artiste était un des jeunes, dont un plâtre, grandeur nature, avait prématurément consacré la réputation au dernier salon. C'était le portrait entier de sa maîtresse qu'il avait rendu dans tout le charme de sa nudité, avec l'enthousiasme de l'amour aidant le talent.

La pauvreté, qui souvent est le fouet impitoyable des artistes lui était inconnue.

Elève des Beaux-Arts, il n'avait pris à l'Ecole que des leçons classiques. La mort de son père, le règlement de ses affaires, l'avaient arraché à ses goûts prononcés. Une belle fortune en main lui permettait de jouir agréablement de la vie.

Un heureux hasard lui ayant fait rencontrer une adorable enfant, l'amour ne tarda pas à en faire un maître. Amoureux de son modèle, heureusement doué de la nature ; il réussit dans son rêve et fit une œuvre qui durera.

Beau rêve d'amoureux, beau rêve d'artiste !

Quelle était donc cette jeune personne ?

Ce fut un des plus jolis maillots du plus joyeux théâtre de Paris.

La Vénus du Capitole, l'orgueil du Musée de Rome, n'est-elle pas, après tout, l'hommage amoureux du sculpteur pour sa maîtresse ?

Qui ignore la promesse de Praxitèle et la récompense que la célèbre courtisane porte encore sur ses lèvres de marbre, le sourire séducteur, voluptueux et triomphant de la femme dans toute la puissance de sa beauté.

Constantine est une ville trop pittoresque, avec des souvenirs trop français, pour qu'on la traverse au galop, aussi toute la matinée fut consacrée à visiter les rues arabes, le quartier Juif et le bord du Ravin, puis les Souks des cuirs, des laines, des tapis. A chaque pas c'était un tableau, un souvenir, un type devant lesquels on s'arrêtait. Après midi, le temps étant superbe, nos trois voyageurs se rendirent sur la place de Nemours. Le colon, puisqu'il tenait à être appelé ainsi, connaissait la ville par cœur, ayant tout gamin accompagné son père dans ses études à travers les ruines. C'est pourquoi il s'improvisa le cicerone de la petite caravane. Aussi, en passant place de la Brèche, aujourd'hui vaste, unie, pleine d'une foule de piétons et de voitures, on le pria de raconter cette histoire de la Brèche et des deux sièges de Constantine.

« Votre *Piesse*, leur dit-il, que j'ai vu, ce matin, dans toutes vos poches, vous a donné un sommaire des traits de courage et des morts héroïques de la première expédition de 1836. Vous savez tous l'attaque malheureuse au pont d'El-kantara, la mort de Haket, de Grand, enfin la retraite avec le bataillon carré de Changarnier.

« Mais ce que vous ne pouvez ni savoir, ni même vous figurer, ce sont les souffrances inouies, les traits de courage exécutés par cette poignée de braves luttant contre les arabes et contre un ennemi plus terrible encore, le froid. Ce qu'il ne vous a pas dit : c'est que cette ville aujourd'hui si riche, si libre, si admirée, autrefois, il y a 50 ans, entre les mains des barbares, n'a pas conservé le moindre souvenir de ceux à qui elle doit sa fortune et sa beauté.

« S'il était permis à tous ces braves de se tenir au courant des choses de la terre, combien grande fut leur douleur, au jour de l'anniversaire de leur mort, en présence de l'oubli coupable de Constantine, devant ce silence ingrat de cette ville, oublieuse de ses libérateurs. Il est vrai qu'en voyant ceux qui détiennent le pouvoir et la richesse de la ville, ils eussent été honteux.

« Est-ce donc pour ces gens sans patrie que nous sommes morts, que nous avons tant souffert ? se diraient-ils.

« Allons, paix à leur mémoire, silence sur leur nom. Un jour il sera célébré, cet anniversaire, mais par des Français qui auront le droit de les applaudir, de les glorifier et d'en être alors fiers ; car aujourd'hui, il faut avoir honte de ces vainqueurs, de ces héros-là, ce n'étaient pas des Juifs. »

Ah ! ces pauvres Juifs ! Dans quel mépris les Algériens les tiennent. M. Drumont peut être satisfait ou plutôt peut être vexé, car tout Algérien le dépasse dans son anti-semitisme et les Algériens au moins, ne le font pas à la religion. Après quelques détails sur l'expédition de 1836 et le silence des administrations de l'armée sur cette date pourtant célèbre, les voyageurs entrèrent dans le square Vallée, en face la place de la Brèche.

Assis près d'une fontaine Romaine, dominant de là les deux vallées que séparent Constantine, qui en est la clé : l'une conduisant à Batna, au désert, au sud, et l'autre, la vallée du Roumel, qui conduit à la mer, baignant le pied des montagnes à l'horizon, au Nord.

La jeune femme prit le *Véloce*, de Dumas, et lut l'épopée grandiose de cette prise de Constantine, que le grand écrivain a écrite avec le talent d'un maître, le cœur d'un vrai patriote, épris de toutes les grandeurs de la France.

Avec sa voix émue, son ton animé, rappelant ces souvenirs héroïques, elle semblait bien l'image de cette belle amoureuse, la Renommée, fascinant et immolant les cœurs ardents des hommes enthousiastes et généreux pour un souvenir d'elle !

Pourquoi faut-il que le peuple le plus brave, le plus intelligent de l'Europe soit parfois le plus insensé et à lui-même son pire ennemi ?

De quel enthousiasme niais la France n'a-
t-elle pas suivi tel ou tel aventurier étranger,
plus ou moins fumiste?

Et avec quel dédain n'a-t-elle pas reçu les
nouvelles des combats célèbres livrés en Afrique par ses troupes ?

Jamais la France n'a eu autant de poètes
lyriques qu'au temps de la conquête de l'Algérie, et pourtant ni Lamartine, ni Hugo, ni
Musset même n'ont chanté les braves rivaux
des soldats de la République et de l'Empire.
Canaris, Garibaldi, voilà les héros qui font
battre les cœurs français parce qu'ils sont
étrangers.

Si son orgueil n'avait pas été si féroce et
s'il avait été plus clairvoyant, Hugo, en écri-
vant avec l'éclat et la puissance de son génie
l'histoire des héros de son temps, aurait vraiment mérité d'être appelé le poète national.
Dumas, au contraire, malgré ses gasconnades,
était plus patriote; et c'est pourquoi sa mémoire
ne périra jamais, car il a immortalisé des hommes véritablement grands, ainsi que des faits
dont les conséquences pour le bien et l'honneur
de la France ont été immenses.

Après les pages de Dumas, chacun sentit
battre son cœur avec plus de force, tant il lui
semblait qu'il devait lever son front avec plus

de fierté, en face du résultat obtenu par le courage de ces hommes de sa race. Le résultat est beau, en effet. Au lieu d'une ville de maisons arabes, on a devant soi une nouvelle ville avec de superbes constructions.

« Où donc était la porte, la Porte enfin, demanda-t-on à l'Algérien ? »

« Au lieu de cette place, en face de nous, dit-il, du théâtre et des Halles, toute une ville arabe existait là. Elle a été complètement rasée ; ces deux squares, si beaux, si fournis d'arbres et si grands, ne sont donc que les débris de tout un quartier arabe démoli par la pioche française. »

Pour venir du Coudiat-Ati, ce mamelon en face la ville, à 500 mètres autrefois de la porte de la Brèche, il n'y avait qu'une chaussée large à peine pour laisser passer deux voitures. C'est par là que les soldats se sont élancés à l'assaut. Aujourd'hui, les squares ont une longueur de 300 mètres, la hauteur du remblai a, dans certains endroits, 40 mètres. Calculez les milliers de mètres cubes de débris jetés ici.

Voilà ce qui a été fait jadis. Regardez derrière vous : un mamelon, ce Coudiat-Ati, gros comme le haut de la butte Montmartre, et qu'on est en train de raser comme une taupinière, afin d'y établir une nouvelle ville ; entendez ces sifflets de machines dans ce tunnel qui passe sous la

route, ces centaines de wagons, ce mouvement,
et dites-moi si l'homme manque ici d'initiative
et d'énergie?

Nous pouvons être fiers d'être Français, au
souvenir du courage de nos parents, et de ce
que nous voyons aujourd'hui. Malgré le dénigre-
ment des étrangers, les stupidités de certains
journalistes qui ne sont jamais sortis de chez
eux et ne savent qu'écrire ce que des perfides
ou des ennemis leur paient, dans ce pays, il y
a cinquante ans, sauvage et barbare, ne s'élève
pas moins cette ville si belle et si riche d'avenir.

Saluons ensemble le génie de notre Patrie qui est bien la grande nation. Que les politiques veuillent nous partager, nous donner aux
Italiens, qu'il arrive quoi que ce soit, nous sau-
rons montrer de qui nous sommes les fils; il
n'y a pas un endroit d'ailleurs, où l'on ne puisse
mieux qu'ici dire : Vive la France! Maintenant,
si vous voulez, après avoir été ravi du travail
des hommes, vite en voiture et descendons
au ravin admirer les merveilles de la nature.

III

L'extraordinaire excepté, on peut par comparaison, par une description étudiée, donner, de toutes choses, une idée à ceux qui ne peuvent les voir des yeux, et par souvenir, par déducduction s'en faire une idée. Pour le ravin de Constantine, la chose est impossible, car c'est tout à fait l'extraordinaire, sans comparaison. Après beaucoup de circuits, une descente presque à pic, on arrive au pied du rocher au haut duquel on voit les remparts de la Kasba. Les voitures s'arrêtent là, et on s'engage dans une route qui mène au ravin, dont on voit l'entrée large d'une centaine de mètres, effrayante entre ces deux massifs de pierre d'un brun jaunâtre dont on ne voit le sommet qu'en se tordant le cou.

Le haut de la cascade apparaît, où le Roumel, sortant du ravin, tombe sur les rochers, formant comme trois marches gigantesques.

En suivant un tunnel creusé dans le roc, pour amener l'eau à un moulin placé près de la chute du Roumel, on parvient au milieu du ravin.

Une grande arche naturelle, d'un arc parfait,

du style sarrazin, s'élève à moitié de la hauteur des parois. La plus vaste cathédrale passerait dessous cette arche qui paraît ainsi l'immense portique d'une avenue dantesque.

Au fond, à quelque distance, non plus une seconde arche, mais une véritable voûte s'aperçoit, c'est un trou énorme, sombre et d'où sort un bruit sourd.

Le coup-d'œil est saisissant.

On se dit : voici l'entrée de l'enfer et le frisson vous prend. Oppressé par ce tableau, retournez-vous, regardez l'horizon,—surtout par un soir bien ensoleillé, se détachant du cadre immense de deux parois de rochers perpendiculaires formant le cadre et regardez, votre œil est ahuri par l'éclat des couleurs, la longueur des horizons.

En passant, au retour, près de la chute du Roumel, tous les cous se tournèrent, le colon montrait, en haut, une pointe de rocher et l'appelait le rocher d'adultère. C'était de là, en effet, que les pauvres amoureuses, en dehors du harem conjugal, étaient précipitées dans un sac avec un coq, un chat et un serpent. Le divorce n'existait pas alors, encore moins la presse judiciaire.

Tous s'écrièrent : les malheureuses !

En effet, près de cet abîme, en voyant si haut ce bout de rocher, en songeant à la chute de cette hauteur d'un être animé, même d'une femme infidèle, le frisson vous prend, frisson d'horreur et de pitié. C'est là que lors de l'assaut, toute une foule. folle de terreur en face de la victoire des Français, se précipita pour former au fond de l'abîme un monceau de chair humaine. Craignant pour leurs femmes et leurs enfants mille horreurs de la part des Français, les malheureux habitants forcèrent ces pauvres créatures à fuir pour éviter le vainqueur. Fuir de la ville était impossible, à moins de descendre par le ravin. Tout effrayant que fut un pareil projet, on le tenta. De longues cordes furent attachées au rocher, et sur l'abîme une file humaine descendit ; seulement les cordes étaient trop courtes et les premiers engagés tombèrent dans le ravin d'une moindre hauteur, mais broyés.

Qui peut donner une idée du spectacle qui se passa alors !

Puis, à l'approche des zouaves dans la Kasba, la foule des fuyards, devenue plus grande, se précipita avec furie au rocher. Ce fut une pluie de corps humains, et les cordes, trop chargées, se rompirent, des centaines de malheureux retombèrent ainsi sur les premiers tombés.

Les premiers Français qui arrivèrent à ce fatal rocher, en se penchant, furent saisis d'une véritable angoisse, en voyant cet immense tas de corps humains de toutes les couleurs, pailletés des scintillements des bijoux, palpiter remuer encore dans les dernières convulsions de l'agonie.

En face de ce cap, de l'autre côté des cascades et du Roumel, la vue s'égaie vite en se reposant sur les jardins verdoyants qui s'étendent tout le long de la rivière.

Ce sont les jardins de Salluste.

Avant d'avoir ses merveilleux jardins de Rome, le célèbre écrivain s'était essayé à Constantine. On n'y trouve point de statues comme dans ceux de Rome, mais Constantine peut garder un bon souvenir de l'historien romain, car sans lui, son antique histoire serait inconnue.

Le ravin visité, on remonte en ville; vers deux heures, un des garçons de l'hôtel, un Kabyle, a promis aux voyageurs de leur faire voir des dames juives. Venir à Constantine et ne point voir les voluptueux ébats des Mauresques, est un voyage manqué ; on remonte donc avec l'espoir de se délecter à la danse du ventre.

Arrivé, le garçon vient offrir ses services,

et avant de l'emmener, le colon lui fait avouer que c'est un appas aussi trompeur que grossier qu'il a tendu à la naïveté des touristes.

Cependant, la bande part dans la direction du quartier juif, voir ia Juive non pas danser, mais laver. Au bout de la rue de France, en face du lycée, est une place. Là, toute une foule de jeunes Juives de sept à dix ans jouaient à qui mieux mieux, qui aux osselets, qui à la balle, qui à la corde. Le tableau était des plus charmants. Les touristes furent émerveillés de cette orgie de couleurs. L'Algérien, plus que les autres, paraissait ravi ; ses compagnons lui firent part de l'étonnement que leur causait son admiration pour ces enfants de Juifs qu'il méprisait si fort.

« Vous êtes étonnés que j'admire ces yeux de velours, ces lèvres bien accentuées, riches et roses, qui ne tarderont pas à devenir bientôt les rebords enchantés de la coupe où l'on pourra boire la volupté à satiété. Vous ne voudriez pas que je sois captivé par la vue de toutes ces chairs des bras, des jambes, du flanc et de la poitrine que ces enfants, dans les mouvements de leurs jeux, nous laissent naïvement apercevoir ! Voilà un des plus rares tableaux que vous puissiez voir. Les auteurs disent que la Juive est surtout belle à Constantine ; mais ce qu'il y a de plus beau dans la Juive, c'est l'enfant de 15 à 17 ans ; la Juive mariée est comme soufflée, épaisse, avec je ne sais quoi de bestialité repue dans sa figure, qui remplace la vive sensualité animant sa figure de jeune fille.

Je hais les Juifs, et avec raison, mais je ne suis point aveuglé par ma haine. Permettez que je vous conte une histoire. J'arrivais un soir en ville après dîner ; le café, où je ne trouvais plus mes anciens amis, officiers changés de garnison, internes partis à Paris, me semblait assommant. En fumant, je gagnais un endroit dans le quartier juif. Juste à cette époque, venaient d'avoir lieu des élections municipales dans une sous-préfecture. Les candidats juifs avaient battu les Français. Ce fait était désolant. Je m'efforçais de n'y point penser, et à chaque pas, en marchant dans cette ville, le chagrin de cet échec revenait me tracasser. Est-ce possible, me disais-je, que nous ayons conquis ce pays pour ces gredins, ces gens qui ne font que duper les naïfs, cajoler l'un pour le faire trébucher ? Est-il possible qu'aujourd'hui un Juif soit mon égal, un Juif que j'ai méprisé enfant comme le plus vil des êtres, pour ses défauts, son manque de foi, son manque de cœur ? Est-ce pour eux que mes parents ont versé leur sang, car monsieur, je suis, moi, ainsi que beaucoup d'autres colons, fils d'un officier conquérant, mon père a été médecin en chef de colonnes qui marchèrent à l'ennemi ? J'étais donc sous le coup d'une violente irritation contre les Juifs, ces descendants de Jacob, qui sont toujours comme leur père, des supplanteurs, employant tous les artifices et toutes les duperies. Quand donc, disais-je, pourrons-nous rentrer ici sabre au poing, les bottes ensanglantées, pour les?.....

Pendant que je roulais toutes ces pensées de vengeance dans mon cœur, je me dirigeai vers la rue Grand, où j'entendis une musique. J'allai de son côté, j'entrai dans la maison d'où elle sortait. Elle était toute pleine de Juifs. Toute une marmaille d'enfants, de fillettes grouillait dans le corridor, dans l'escalier.

On me fit place comme à un étranger de marque, à un officier en civil. Je me plaçai près de la galerie, au bas de laquelle, à quelques marches, étaient l'orchestre, les femmes, les parents, enfin les mariés.

« C'était une noce.

« Juste après mon arrivée, une femme d'une vingtaine d'années, pas trop grosse et belle, se leva et vint se placer devant les musiciens. Elle avait un costume où éclataient la soie et l'or, les bras demi-nus, voilés par les manches de gaze aux fils d'or, dans sa main deux mouchoirs de soie rouge et bleue.

J'ai souvent vu danser les filles arabes, quelquefois les Mauresques ; vous verrez les Ouled-Naïl à Biskra, mais je doute que vous puissiez voir jamais la danse arabe aussi bien rendue que je la vis ce soir-là.

« On ne peut la décrire, c'est l'image de l'amour heureux, aux divers moments, sous l'influence des différents sentiments qui s'emparent du cœur, avec les divers mouvements du corps, selon que la passion est vive, languissante, assouvie. Pour l'œil profane, c'est toujours la même chose, mais pour celui qui sait le libretto, la musique devient claire, la danse est comprise et la danseuse vous prend au cœur, en vous ravissant les yeux, comme si, vous donnant l'image de vos désirs, elle parvenait à vous en donner la réalisation, la jouissance, mais idéale, sans mouvement, sans fatigue, sans satiété.

« C'est proprement un charme, et jamais on n'en est lassé. J'étais donc sous ce charme. J'aimais cette Juive qui me procurait cette jouissance et j'oubliais les yeux de vautour, de lynx et de chacal de tous les Juifs emplissant les galeries.

La danse finie, je me retirai vite et je me
répétai le mot de Balaam, je me rappelai l'histoire de ce prophète appelé pour maudire Israël,
mais, à la vue de la beauté de son camp, ne pouvant s'empêcher de l'admirer. »

Un joyeux sourire de chacun accueillit la fin
de cette histoire de l'antisemitisme algérien.
Heureuse fin de discussion. Mais quelle sera la
fin de cette haine acharnée que les Algériens
ont vouée aux Juifs? Un sourire d'une belle danseuse, ce soir-là, fit trêve à cette haine. Car
avec les caractères violents et audacieux des
Algériens, n'est-il pas à craindre qu'un jour la
soif du sang ne rende fous ces descendants
d'Esaü qui prétendent avoir été dupés, trompés.
trahis par les enfants de Jacob? *Chi lo sa*?

Comme la jeune femme ne haïssait pas trop
Rothschild, elle imposa silence à son cousin et
lui intima l'ordre de les conduire dans les bazars
afin d'y acheter un costume mauresque, qu'elle
mettrait dans quelque bal travesti de Paris.

Il vous faut d'abord juger sur les personnes
les habits qui vous plairont; venez donc voir
des Mauresques.

Fort bien, en avant !

Les hommes aussi avaient grande envie de
voir les Mauresques, l'histoire de la danse arabe
les ayant rendus curieux.

Oui, oui, allons voir des Mauresques, et qu'elles nous fassent voir leur science chorégraphique.

A la place des Chameaux, on détourne à gauche ; mais tout à coup, dans l'étroite rue, la jeune femme aperçoit une lanterne de couleur d'une forme bizarre.

Horreur ! s'écrie-t-elle, où me menez-vous ?

Voir les tissus des Mauresques, et nous, nous en verrons la chair.

Horreur ! Robert je retourne, est-ce que je veux voir ces filles-là. Eh ! bien, mon cousin, mes compliments, vous avez une audace ! Je croyais que vous nous meniez voir des Mauresques de votre connaissance.

Ignorez-vous le harem ? Croyez-vous que les Mauresques du monde se montrent ainsi aux étrangers ?

Mais chez ces Mauresques du demi-monde, il n'y a pas d'Européennes ?

Nullement, elles se tueraient.

Vous m'assurez qu'elles sont convenables ?

Elles sortent des Oiseaux. J'ai eu l'honneur d'en connaître plusieurs en visitant le dispensaire.

Vous me faites honte, allez, marchez vite.

Arrivé devant une large, mais basse porte fortement défendue par des traverses en fer, munie d'un judas, tout comme dans les couvents de religieuses, le guide parlementa et aussitôt la porte roula sur ses gonds et s'entrebailla.

Une jeune Mauresque entourée d'un haïk, la figure un peu cachée, ne laissant apercevoir en entier que ses grands yeux noirs, monta sur la marche de l'intérieur, pour mieux causer avec son interlocuteur et examiner ceux qui l'accompagnaient.

Après une courte conversation qui parut être fort gaie, elle dit :

— Eh ! bien, à tout à l'heure, je vais faire préparer du café et prévenir Cherifa et Zora.

En attendant, on continua de descendre, et le jeune filateur s'exclama :

— On a bien raison d'appeler cette rue la rue du Vice. Dieu, comme on y descend rapidement.

— Quand vous la remonterez, répondit l'ingénieur, vous trouverez que ce doit être le chemin du Paradis.

— On descend au Vice, Monsieur, et l'on monte vers la Vertu.

— Soyez persuadé qu'il n'y a pas une rue dans la ville où l'on monte plus que dans celle-ci.

— On descend en aimant, on remonte en pleurant.

— Taisez-vous ; tenez, regardez ces beaux yeux qui vous invitent à entrer, et dépêchez-vous d'aller leur conter vos balivernes.

Tout le long de la rue, ce furent des bonjours, « tu n'entres pas », de longues œillades au guichet. Mais l'heure n'était pas favorable : ces dames, le soir, sont au bain, leur grande distraction, et les couvents alors sont mornes, tristes et presque déserts. Une fois arrivée près de la porte Djebia, la caravane remonta prendre le café commandé et voir les Mauresques prévenues. Après avoir passé la porte toujours fortement barricadée, on descend trois marches. A gauche, est un banc de pierre recouvert d'un tapis et d'une natte : c'est là, le soir, que toutes les religieuses viennent s'asseoir pour se livrer aux regards des hommes que Vénus pousse au sacrifice. Le corridor (*atrium*), conduit à la cour d'une fort jolie maison mauresque, au style le plus élégant, à colonnes, à ogives.

Au rez-de-chaussée, on pénètre dans la chambre d'une de ces dames, une toute petite, de quinze ans à peine, assise sur deux tapis de souf.

Au pied d'une grande glace française, le café est apporté dans un plateau de cuivre orné de dessins.

Les deux amies entrent, et bientôt chacun

cause de son côté, examinant sa voisine. Tout le détail de leur toilette est fait, on prend les adresses des Juifs et des Maures qui sont les meilleurs marchands.

— « Combien venderais-tu ton habillement ? » demande la jeune Française à la Mauresque.

— « Avec les bijoux ? »

— Oui.

— Après avoir tout calculé, la Mauresque répond : 2.800 fr.

« Tout le monde demande une explication et elle donne par le détail le prix de sa toilette.

Ses anneaux de chevilles valent 300 fr.

Sa medebhi, gandoura soie et or, 100 fr., etc.

— « Voilà un joli capital ! dit l'ingénieur.

— « A combien est-il placé ? demande le filateur.

— « Un baiser vaut deux francs, une visite, cinq francs, une nuit, dix francs.

— « A la bonne heure, ces bijoux ne sont point un luxe, ce sont eux qui attirent les clients et augmentent la qualité de la marchandise.

Très pratiques les Mauresques et absolument semblables à toutes les horizontales.

La jeune, qui était dans la chambre, paraissait fort bien faite. Les visiteurs lui demandèrent de se dévêtir pour montrer toute sa beauté. Elle refusa, et (au grand bonheur de la cousine) les visiteurs parurent étonnés de cette pudeur. Le colon la leur expliqua :

« Ici, sur la terre d'Afrique, les filles de joie indigènes ne sont pas impudiques ; elles ont une chasteté particulière. »

Des bruits de sabre se firent entendre dans la cour. Les Mauresques, après s'être laissé caresser, avançaient déjà leurs mains et leurs lèvres.

L'amour, certainement, devait, à ce moment, comme Ulysse, bander son arc, et, à moins de courir les risques d'assister à une fin trop naturaliste d'une visite à des courtisanes, il était prudent de reprendre vite le chemin de la haute ville, et se diriger vers des endroits plus vertueux.

L'heure du soir approchait, la rue Casse-Cou s'emplissait de zouaves en goguette, de turcos en fête, de chasseurs en vadrouille, de tringlots ; l'armée, comme les ouvriers, faisait ripailles.

En passant près des larges grillages peints, des portes ornées de lanternes de couleur, des voix appelaient :

« Dis, Giron, eh ! beau garçon ! dites Monsieur, eh ! la petite dame ! Gentille Mimi ! »

Arrivés à la place de Nemours, chacun poussa un long soupir, et une fois assis à la table d'un café, une absinthe parut d'une volupté extrême.

Humant avec bonheur un rafraîchissement calmant la soif, chacun activait ses yeux curieux, cherchant à ne perdre aucun des tableaux qu'il voyait passer devant lui. Arabes, Juifs, Kabyles, garçons indigènes habillés à l'européenne, sauf le chapeau, voitures, marchands, tout cela grouillant, et au premier abord formant un assemblage de couleurs disparates.

Peu à peu l'œil s'y habitue et trouve au contraire une harmonie dans ces oppositions brusques, harmonie provenant de la lumière répandue à flots par ce soleil d'Afrique.

L'Algérie a attiré et attirera toujours les artistes avec cette lumière qui enivre les yeux et dévoile le secret de l'art du coloriste, dévorant les couleurs locales pour couvrir tous les objets d'une seule et entière harmonie. Elle éclaire si vivement les couleurs de cette nature vivant dans cette atmosphère chaude qui l'entoure comme une vapeur de chaleur et donne dans certains moments aux objets une particularité singulière : leurs contours perdent leur profil individuel dans l'ensemble, et tandis qu'une couleur, une nuance frappée de face éclate, ressort, tout ce qui l'entoure, dans le rayonnement de ce point éclairé, se perd, se fond, comme entouré d'une nimbe qui provient de la chaleur de l'atmosphère.

Ainsi, au premier plan, vous remarquez dans les objets rapprochés, à côté des parties brillantes, de grosses ombres tranchant sur le fond et les faisant ressortir plus fortement avec une couleur maîtresse éclatante au point lumineux, et qui se change bientôt en graduation de tonalités dans les ombres où se fondent les opposés trop crus, les brusqueries de tons. Au second plan, vous voyez chaque couleur apparaître avec son point éclairé, et dans son rayonnement il se fond pour s'harmoniser avec l'ensemble ; enfin à l'horizon, dans les lointains, apparaît encore mieux cette merveilleuse limpidité de lumière éclairant tout et qui vous donne des traits d'une pureté délicieuse pour des horizons d'un éloignement parfois incroyable.

L'attrait et le charme de ces études de scènes, de types, de ces expressions de vie humaine autre que la nôtre, de ces splendeurs et de la richesse de la nature avec leurs variations et leurs imprévus, dans ce pays du soleil, de vie, de passion et de mélancolie auront toujours la plus grande puissance sur le Français, au ciel gris, aux rectitudes de la civilisation, aux alignements mécaniques, aux conventions rationnelles.

Inutile d'aller dans les pays reculés de l'Orient

pour trouver ces spectacles ; on les rencontre à
plaisir en Algérie.

Pendant des siècles, l'Arabe y a dominé, y vit
encore avec ses mœurs coudoyées, atteintes aujourd'hui par celles de l'Européen, dans le plus
curieux contraste.

Mais de même que ni l'or ni le diamant ne se
trouvent à la surface du sol couvert de quartz
brillant, de même les effets éblouissants qui vous
frappent, qui vous émerveillent, ne se rendent
qu'avec de grandes difficultés, en fouillant beaucoup avec travail et méthode, en raison justement de cette orgie de couleurs, de cette infinité
de choses brillantes et éclatantes, devant se
rendre avec art dans leur désordre.

Est-on déjà assez las, sera-t-on enfin saturé
de cette Algérie de convention en peinture comme
en littérature, que les habiles, les faiseurs de
chic ont produite depuis déjà longtemps.

V. Hugo a pu faire ses *Orientales* à Vanves
pendant un été, aux couchers de soleil magnifiques, en 1828, mais aujourd'hui le romantisme
a rejoint les vieilles lunes, l'artiste doit changer
sa méthode et le public veut du vrai surtout.
Pour bien rendre un sujet, il faut le connaître
après l'avoir longtemps étudié.

Le Beau, dit une définition célèbre, est la
splendeur du vrai. Ces mots devraient être mis

en lettres d'or sur le frontispice de l'Ecole des Beaux-Arts ; ils expliquent Raphaël et Praxitèle.

Le vrai chemin à parcourir par la nouvelle école est encore fort discuté, comme incertain ; n'est-il pourtant pas tout indiqué par la formule de Bastien Lepage : peindre avec bonne foi et sincérité ?

Il y a tantôt cinquante ans déjà que ce dandy de Musset, mais admirablement doué de l'intuition du vrai et du beau, écrivait à propos de Robert..., cette main qui peignait le peuple, à qui le seul instinct du génie faisait chercher la route de l'avenir là, où elle est : dans l'humanité.

Grâce à cinquante ans d'impertinence et de dédain pour l'exécution consciencieuse, l'étude approfondie, vécue du sujet, tous, artistes et public, sont arrivés aujourd'hui à vouloir du nouveau, d'un autre genre et qui est le vrai.

Une seconde chose frappe le visiteur, le nouveau débarqué sur la terre d'Afrique : le nu.

Tout d'abord, il ne s'en rend pas bien compte, tant il en voit à son premier regard ; puis en examinant une figure, il se sent tout à coup frappé à la poitrine par une émotion tout à fait bizarre et forte ; mais vite il la devine.

Le nu pour un Européen, c'est presque de

l'inconnu à l'état vivant ; on ne le voit qu'en pierre ou en peinture. On le célèbre en poésie, on le glorifie dans le tableau ; mais on se garderait bien de l'appliquer dans la vie. D'abord, en raison du manque de soleil, de chaleur ; ensuite, à cause de la honte stupide, barbare qu'il provoque et dans laquelle des siècles d'ignorance l'ont enfoncé et condamné.

En Algérie, il est commun : presque tous les hommes du peuple ont les jambes et les bras nus, les femmes de même.

En France, on n'ose ni le montrer ni le regarder.

Dans la vie, pour un nombre considérable d'honnêtes gens le nu ne doit et ne peut se trouver qu'au lupanar.

Mais en Algérie, il se rencontre à chaque pas et offre au regard curieux, à l'esprit cultivé, mille études, mille surprises et autant de réjouissances en laissant apparaître, en montrant la raison de la dynamique musculaire dans les mouvements du corps, en donnant l'expression vive des facteurs physiologiques employés pour la progression et pour le moindre travail du corps répondant à une pensée et à un besoin.

Les membres tout cachés, l'Européen insulte le soleil, témoigne de la rudesse de son climat, doute de sa beauté et porte la honte de sa dé-

crépitude. Avec son habit noir, il porte le deuil
de sa parure, de sa magnificence, de sa royauté ;
le deuil de ses illusions, de ses splendeurs, des
drames, des grandes scènes qu'il a joués jadis à
la face du monde. Aujourd'hui, c'est Talma en
frac. Un simple commis, un ouvrier mécanicien ; autrefois, au moins, l'homme paré était
tout un tableau, un poème de couleurs, attirant
le regard, éclatant à la lumière ; maintenant ce
n'est plus qu'un point noir.

La jeune femme étant partie à l'hôtel faire sa
toilette pour le dîner, les voyageurs se commu-
niquèrent alors leurs impressions.

« Quel malheur, s'écria l'artiste, d'avoir une
femme avec soi pour voyager. On est inquiet
pour prendre le train, on ne peut voir à son aise
les femmes des pays que l'on traverse. Sans
Rosita, nous aurions pu nous amuser un brin
avec de fort jolies filles. Je n'ai pu qu'explorer
à grand'peine la jambe d'une Mauresque ; mais,
sacrebleu, la belle peau ! Eh ! mes amis, quels
muscles ! Et quelle solidité ! Le colon a bien raison de dire qu'avec de tels modèles, on ferait
quelque chose de tout à fait original. C'est un
moule ignoré en France, un type indigène ici
comme le cheval arabe. Ce soir, il faudra tâcher
de tirer un plan afin d'assister à leurs ébats
amoureux et chorégraphiques. »

« Si vous voulez voir un beau coucher de soleil, venez avec moi, dit l'Algérien, allons à la casbah ?

Chacun le suivit. »

IV

La ville est sur un rocher incliné dont le haut est occupé par la citadelle, la casbah, comme ouvrage de défense, œuvre, fort curieuse. Le rempart s'élève sur la crète du rocher à pic d'où la vue est aussi belle que terrifiante. Tout en bas, on aperçoit la route qui mène du Ravin aux cascades, puis le Roumel et toute la vallée qui conduit dans la Kabylie.

C'est un des plus jolis points de vue que l'on puisse voir en Algérie. Après avoir longuement admiré ce spectacle, les touristes s'approchèrent d'un tout petit monument orné de quatre cyprès, situé auprès. C'est là que gisent les restes des Français tués au cours des expéditions de Constantine : Haket, Grand, Serigny, Comte, Richepense, etc.

Le Français, ou l'homme de cœur, qui, de là, voit tout ce pays donné à leur patrie par ces héroïques soldats, dont les restes reposent

sous ce modeste monument, se sent tout à coup
assailli par une foule de réflexions tristes et
fières.

De tant de conquérants célèbres, à leur mort,
qu'est-il resté de leurs victoires?

De tant de sang versé pour leur patrie qu'en
a-t-elle retiré?

Eux au moins — ces braves de l'armée française — ont donné un pays, une ville à la
France!

Cette terre sera-t-elle toujours française, et
ce tombeau des vainqueurs, de ceux qui n'ont
pas ménagé leur vie, demeurera-t-il toujours
à l'ombre du drapeau tricolore?

L'influence de ce spectacle, et toutes ces réflexions avaient fortement frappé l'esprit de chacun. Le sculpteur s'écria :

« Si j'étais une ville comme Constantine,
aussi riche, aussi visitée et admirée, je ne
voudrais pas qu'on puisse me traiter d'ingrate
et de lâche. Je voudrais élever à mes libérateurs,
à ceux qui ont fait ma richesse, un monument
digne d'eux, digne de la patrie qui les a produits, du pays qu'ils ont conquis. Oui, à la
place de la Brèche, là, où ils sont tombés, là, où
aujourd'hui le luxe, le commerce, le plaisir marchent avec tant de rapidité, j'élèverais un superbe monument, pour, à chaque instant, rap-

peler à ceux qui passent la mémoire de ceux
auxquels ils doivent tout.

« Je ferais quelque chose de grand qui repro-
duise et redise à chaque passant le nom et l'image
de ces héros ; et si l'on me donnait cette commande, voici ce que j'exécuterais : Sur un vaste
carré de marbre, je placerais les bronzes de
Lamoricière, le sabre en main, montant à l'assaut ; Serigny, à droite, serrant son épée contre
sa poitrine trouée ; à gauche, Comte debout, se
raidissant contre la mort ; puis Garderens derrière, avec le drapeau français, qu'il a, le premier,
arboré en cet endroit ; enfin, deux ou trois autres
figures de bronze, et au centre, près du drapeau,
un Génie nu, de marbre blanc, comme s'élançant
du milieu de ces braves, image du Génie de la
France libératrice et civilisatrice. »

« — Bravo ! mon cher Robert, s'écria le colon,
bravo ! à la bonne heure ! ton cœur au moins
est bien français ; mais sache qu'il ne faut rien
songer à faire tant que les Youdis seront les
maîtres ; c'est avec l'or de ces gueux, l'or qu'ils
ont extorqué à la nation française, qu'il faudrait
faire ce monument, après l'abolition du décret
Crémieux.

« — Je promets le concours gratis de mon frère
l'architecte, ajouta l'ingénieur.

« — Et moi, je donne 100 fr., dit le filateur. »

Appuyés sur le rempart, ils contemplèrent longtemps le spectacle superbe qui se déroulait devant eux.

La vallée du Roumel s'emplissait d'ombres.

Le soleil allait se coucher, et l'on apercevait déjà sur les montagnes du couchant les grandes masses de lumière, faisant ressortir près des larges ombres le blanc des calcaires, tandis qu'à l'Orient et au Nord les pics éloignés prenaient comme des teintes lilas, roses, couleurs qui se mariaient bien avec le rouge-feu, le gris, les échappées d'opale des nuages.

Autour d'une table d'hôtel, les cinq jeunes gens — puisque l'aîné n'avait pas 25 ans — prolongèrent gaiement le dîner, se faisant part chacun de ses impressions de la journée, auxquelles la jeune femme ajoutait tantôt son sel, tantôt son sourire.

On avait oublié de visiter une des plus rares curiosités, le Palais ; mais puisque l'on partait le lendemain matin, il fallait bien en faire son deuil. Il y avait musique, ce soir-là, sur la place du Palais, où se trouvent tous les grands cafés de la ville et où nos touristes applaudirent la fanfare des zouaves — celle qui a sonné l'entrée de l'armée française en Tunisie et salué le drapeau

français hissé sur les murs de Kef par le qua-
drille de la *Belle Hélène* et l'air des *Zouaves :*

> Pan, pan, l'Arbi,
> Les Chacals sont par ici !
> Les chacals, les vitriers,
> N'ont jamais laissé
> Le Colon nu-pieds.

Tous les souvenirs de l'ancienne armée se
rattachent à ce 3ᵉ zouaves, dont le drapeau
était officier de la Légion d'honneur, dont le roi
d'Italie était caporal.

Sur cette place carrée, au milieu de laquelle
jouait la musique, entourée de toute la foule de
civils ét de militaires — en face du Palais dont
la façade blanche est nue comme les habitations
mauresques, et au-dessus duquel, sur une hampe
élevée, flotte, à longs plis, le drapeau de la
France, agité par le vent chaud du désert — on
éprouve je ne sais quelles sensations de patriotisme aigu, comme il est difficile d'en ressentir
ailleurs. On sent que l'on n'est plus sur la terre
de la Patrie, mais sur un autre sol, dont le
contact vous donne des sentiments de combat.

Que de sang répandu dans le passé pour le
conquérir ! Et dans l'avenir, afin de laisser encore flotter fièrement, à cette même place,
dominant toute la ville, maîtresse de tout le
pays, le drapeau français aux couleurs si écla-

tantes, que de sang ne faudra-t-il pas verser ; que de luttes n'y aura-t-il pas encore à soutenir ?

En Algérie, la France a commis bien des fautes, nul ne peut le contester. Mais l'excuse de ces fautes se trouve dans son trop grand empressement à infliger sa civilisation à des réfractaires et à des rebelles. Quelle meilleure preuve donner de la grandeur de son œuvre vraiment humaine et si opposée à celle de ces hommes de fer, qui ont eu la hardiesse de tout corrompre avant de pouvoir vaincre et dire après : « la force prime le droit ! »

Non, la force ne prime point le droit. Témoin l'Alsace et la Lorraine.

S'il fallait que la France eût encore à subir des revers, lesquels, cette fois, seraient incalculables ; s'il arrivait enfin que l'Italie ingrate eût, en échange de sa perfidie, cette contrée de la Méditerranée, eh bien ! il n'est pas douteux que, pendant des siècles encore, sur cette vieille terre de Numidie et de Tunisie, comme au Canada, les cœurs resteraient français, conservant de génération en génération l'espoir de devenir libres.

Il faut avoir voyagé un peu dans les pays non seulement où le drapeau français est venu apporter la civilisation et la liberté, mais ailleurs, pour juger de la sympathie que les peuples ont pour tout homme qui se dit Français. En Grèce, comme dans le fond des montagnes sauvages du Liban, comme en Égypte, malgré les soudards anglais, le Français n'est point un étranger, c'est presque un ami.

Pourquoi ?

Parce que lui n'a jamais dit : « la Force prime le Droit », parce qu'en Algérie, vis-à-vis de la masse Arabe — les derniers certes des hommes dignes des procédés de peuples civilisés — on s'est toujours montré aimable et juste.

Telles étaient les réflexions que se faisaient les voyageurs, et puisque tous étaient jeunes, chacun, en face des événements qui pouvaient se dérouler, se promettait bien de faire son devoir le moment venu.

La musique terminée, la retraite se forma et, à la suite de sa marche endiablée, le long flot quitta la place qui se vida peu à peu.

Il était tard ; les Mauresques avaient été éclipsées par les zouaves, et les sentiments de patriotisme avaient banni, pour ce soir, les désirs de chair.

« Demain, il nous faut coucher à Biskra ; soyons sages ce soir, se dirent les touristes en regagnant leur hôtel. »

« J'espère que notre journée a été bonne, dit le sculpteur à ses compagnons ; je ne me rappelle pas avoir jamais éprouvé autant de sentiments et de sensations. Que je plains ceux qui voyagent avec l'agence Lubin, traversent les villes, les voient d'une course, mais ne s'arrêtent point pour se pénétrer de ce qu'ils aperçoivent et de ce que leur guide indique. Ils ont les reins brisés, les yeux éblouis, l'esprit embrouillé : en un mois ils ont tout vu, mais ne savent rien. »

— Ah ! pardon, ils connaissent au moins le prix des hôtels ; s'empresse de dire le filateur.

— Et nos mauresques ? soupira l'ingénieur.

— Il est trop tard, elles ont leur coucher. A demain soir à Biskra. Frais et joyeux nous irons aux pays des Zéphirs voir les Naéliètes.

— Bonsoir, bonne nuit, demain à Biskra !

V

A sept heures et demie, le train d'El-Kantara partait, emportant nos touristes, qui saluèrent Constantine avec le grand désir de la revoir. De l'autre côté du ravin qui ne s'aperçoit pas, de la ligne ferrée, la ville basse, la ville arabe apparaissait bien avec ses maisons toutes blanchies à la chaux, ses toits de tuiles brunes, aux soupçons de teintes vertes que donnent le temps humide et la vétusté, et ses rues étroites et toutes raides aboutissant aux tanneries, dont les puits surplombent sur l'abîme et auprès desquels on voit éclater les rouges des cuirs qui viennent d'être préparés.

Au-dessus, le quartier français avec ses constructions, ses grands toits rouges neufs, ses grandes fenêtres étincelantes aux rayons du soleil, le tout dominé par les constructions militaires jaunies de la Kasba. L'effet de tout ce massif isolé de maisons se détachant sur le fond bleu du ciel, est d'un effet aussi pittoresque que singulier.

Au bout de quinze minutes, Constantine reparaît encore, plus curieuse dans l'éloignement, elle est saluée une dernière fois et, désormais, les voyageurs ne songent plus qu'au désert. Le pays que l'on traverse est triste, superbe comme dessin, admirable dans certains endroits pour ceux qui voudraient faire de la sépia, mais paraissant aride et désert. Des troupeaux de cigognes chassent, j'allais dire paissent ou pêchent, près de la voie, dans les marais.

A El-Guerrah, il est neuf heures. Chacun se

précipite au buffet, le pille en argent comptant et remonte en wagon pour déjeuner.

— « Honneur aux œufs durs !

— « Vive le saucisson !

— « Tous nos compliments au vin blanc algérien !

— « C'est du Sauterne, ... du Médoc, ... du Grave !

— « Non, deux fois non, s'écrie le colon, c'est du pur rayon de soleil d'Afrique mis en bouteille. »

Et la gaîté du compartiment, surchauffée par le petit vin africain, gagne bien vite tout le wagon. Aux Lacs, les environs sont fort fréquentés par les flamands. Chaque portière se garnit aussitôt de voyageurs.

— « Je demande à voir des flamands, dit l'un. »

— « Je suis dijonais, répond une grosse voix, d'une autre portière. »

— Et moi de la rue d'Antin !

— Ou de la chaussée ?

— « Non, de la maréchaussée ! »

— « Garde la chaussée pour toi, pour moi la marée. »

Dès lors, c'est comme une fusée à chaque station.

El-Mader ! El-Mader ! crie le chef de train. Et des portières les uns crient :

« Madère, monsieur ! Non, je préfère un Turin. »

A Fez Dis, le filateur lui déclare préférer Fez-Dis à l'envers. Enfin, arrive Batna. Midi et demi, juste l'heure du café. Le train, dès lors, ne contient presque plus que des voyageurs pour Biskra ; Aïn-Touta, les Tamarins, et encore d'autres stations passent rapidement. A je ne sais quelle station, un algérien donne des renseignements au joyeux dijonnais, sans doute un notaire en rupture de conjungo, tout farci de Piron.

— « A Biskra, Monsieur, gardez-vous des youled et de l'eau. »

— « De l'eau ? pourquoi ? »

— « Elle est malsaine. »

Malsaine ! répètent plusieurs voyageurs, et la jeune compagne de nos voyageurs, avec l'accent le plus naïf, s'empressa de demander :

— « Mais peut-on se laver avec ? »

La face joviale du dijonais s'allume aussitôt. un inextinguible rire s'empare de lui, et pour ne pas éclater, il saute dans son compartiment, tandis que les compagnons de la jeune femme applaudissent, rient, poussent des cris, assaillent la jeune femme de compliments moqueurs.

— « Mais qu'avez-vous ? Qu'ont-ils à rire, Robert ? fit-elle. »

— « Pourquoi parles-tu de tes ablutions, pauvre innocente ? »

— Horreur d'hommes, s'écrie-t-elle, en lançant à ses impertinents voisins des regards courroucés et les frappant de son livre.

C'est au milieu de cette gaieté que les montagnes d'El-Kantara, si arides et si tristes, sont traversées. A cette vue, l'un des voyageurs ne put s'empêcher de penser :

— « Comme nous rions, maintenant, en brûlant, à grande vitesse, les endroits qui doivent être si pénibles aux voyageurs l'été et l'hiver, et comme aujourd'hui c'est peu de chose que d'aller à Biskra ! Vraiment, à nous voir ainsi, croirait-on que nous allons affronter le désert. Les troupiers qui les premiers ont fait ces étapes, que diraient-ils s'ils pouvaient refaire ce trajet en wagon.

Aux lacets, les rampes se succèdent, et bientôt enfin arrive la petite gare d'El-Kantara.

Chacun se précipite avec ses bagages, ou assiège la diligence, les calèches, les carrioles, les breaks, qui coûtent de 30 à 60 fr. Nos voyageurs se sont dispersés, chacun cherchant une voiture, marchandant, débattant son prix ; puis, tout à coup, tous rappliquent vers un grand break qui ne demande que vingt francs.

On hisse d'un coup les bagages, on saute sur la voiture et allume ! allume ! vite au large, tandis que les autres voyageurs sont encore en train de chercher leur véhicule.

Le train comptait dix Anglais, trois Français, plus un couple, tous désireux d'arriver les premiers à Biskra, et de trouver des places dans les hôtels.

— « Cocher, êtes-vous sûr de vos chevaux, lui demande-t-on.

— « Oui monsieur.

— « Il faut que nous arrivions les premiers.

— « Alors, ne vous arrêtez pas à casser la croute à El-Kantara.

— « Fort bien, le temps seulement d'aller humecter un mur et interroger un cruchon de bière.

— « Ça y est.

— « Alors, allume ! Allume ! et au galop, le break descend à El-Kantara, au fameux restaurant Bertrand, distant de près de 500 mètres de la gare.

Le long du chemin tout un chantier travaille, arrangeant la nouvelle route que domine le chemin de fer.

Un couple de jeunes français qui, probablement, fait son voyage de noces et a retenu une voiture, ne peut s'empêcher de sourire et de saluer gaîment, de la tête, ce break, si plein de jeunesse et d'entrain. La jeune femme a des yeux noirs de toute beauté.

— « La belle enfant, exclame le sculpteur ! »

— « Le bel homme, s'empresse d'ajouter sa maîtresse, à propos du mari qui est un beau brun. »

— « Le beau mâle, dis-donc, ma petite ; tu sens déjà alors le soleil du désert ; ils vont se laver à Biskra. »

Tout le monde balance dans le break, il tourne si vite et s'arrête si brusquement. Descendu, chacun se dirige vers un coin, vers un angle, tandis que le cocher commande des verres et de la bière, et aussitôt bue, on remonte, car les voitures arrivent à leur tour et il faut arriver les premiers. Au galop, la voiture enfile la gorge d'El-Kantara.

Tout ceci s'est si vite passé, ce départ s'est si promptement opéré, que c'est à peine si on a pu jeter un coup d'œil sur l'étrange et fantastique endroit que l'on traverse. Et ce n'est qu'après avoir passé ces portes du désert, en arrivant sur l'oasis, en apercevant le commencement du Sahara et les palmiers, qu'un cri d'étonnement et de saisissement s'échappe de chaque poitrine.

Chacun se tait, est tout yeux, regarde, cherche à distinguer et reste muet, confondu tant par la rapidité avec laquelle on arrive devant un tel tableau que par l'étrange de tout l'ensemble de ce tableau unique qui tout à coup s'ouvre devant vous.

A travers les maisons de l'oasis, toutes basses, toutes faites de briques de terre cuite au soleil, une nuée de gamins à peine vêtus court après la voiture, demandant des sourdis.

La route est mauvaise, descend à pic dans certains droits, remonte de même, toujours au grand trot, au galop. On repasse le chemin de fer et, du haut du plateau, le chemin par lequel on vient de passer se distingue fort bien.

Le désert ne commence pas à El-Kantara, qui n'est que la gorge située entre la chaîne abrupte de montagnes formant comme une gigantesque muraille au nord des terrains, autrefois les rivages du Triton.

Jusqu'au col de Sfa, le terrain est ondulé et inégal, tout creusé par les eaux des pluies diluviennes qui tombent ici et, en une journée, forment de véritables fleuves. La route suit la rivière, dont le lit est à sec presque toujours, mais qui, profond de 10 mètres, large de 300 mètres, s'emplit tout à coup. Comme la route n'est pas entretenue, avec ses descentes brusques, ses ornières nombreuses, ses coudes très raides, le break chaloupe en diable ; à chaque

cahot, c'est un rire, avec une descente à fond de
train, ce sont des cris de : allume! allume! La
nuit est arrivée, la lune se lève et grâce à la
limpidité du ciel, éclaire bien tout le pays, montre à l'horizon les chaînes de montagnes, derniers contreforts de l'Aurès.

Cette entrée dans le désert surprend, non
par le curieux aspect que l'on y trouve, mais
par le manque d'étrange, par l'absence d'émotion que l'on croyait éprouver avant d'arriver.
D'El-Kantara au col de Sfa, ce n'est point le
désert, mais quelque vilain pays, comme la
Camargue, les landes de la Sologne. Enfin,
aussitôt après le coucher du soleil et la tombée
de la nuit, le froid se fait sentir.

Tout le long de la route, de loin les travaux du
chemin de fer s'aperçoivent, les barrages des en-
trepreneurs, les terrassements de la ligne. Bientôt, l'uniformité du paysage si triste fatigue les
yeux des voyageurs qui ne tardent pas à se
fermer, à l'exception de ceux de quelques intrépides fumeurs de cigarettes, qui gardent le
silence. Le sculpteur alors, vient heureusement ranimer l'attention par quelque histoire
de son récent voyage en Grèce et en Egypte.

Dès lors, les touristes oublient le triste pays
qu'ils traversent, et écoutent, suivent le narra-
teur dans les endroits célèbres qu'il décrit.

VI

Au milieu de l'ombre, on distingue une masse noire, des têtes gigantesques de palmiers, des murs blanchis à la chaux. Voici El-Outaya.

Un spahis croise le break qui entre dans le bordj, grande construction carrée. Au milieu est un puits, au fond des écuries ; le long de la route, près de la porte, des bâtiments, qui sont l'hôtel.

Devant la porte de la cuisine, sous un toit de planches, plusieurs consommateurs entourent des verres d'absinthe. Un gros brave homme, la tête coiffée d'une haute chéchia rouge de chasseur d'Afrique, la figure rubiconde et grasse, salue.

— « Si c'est l'hôtelier, souffle le filateur, j'aime déjà sa cuisine.

Et l'on entrait, étonné, dans une salle très propre, au milieu de laquelle une table garnie d'une belle nappe blanche et d'un couvert bien mis. Un ha! d'étonnement fut poussé par chacun. Au Désert qu'espérait-on trouver ? Rien ? Des conserves anglaises à peine et du vin piqué.

Eh ! bien, que les grands seigneurs des hôtels d'Europe l'apprennent à leur honte, là-bas, aux

portes du désert, après un dîner qui avait satisfait la faim de gaillards de vingt-cinq ans, à jeun
presque depuis le matin, et n'ayant pu se procu-
rer pendant toute cette journée de voyage qu'un
maigre repas en wagon, le garçon fut appelé par
le plus âgé des jeunes voyageurs et reçut ce petit
speech :

— « Mon ami, au nom de tous mes convives,
je vous prie de porter nos compliments à votre
maître tant pour le confort du service, la cor-
rection du couvert que pour l'excellence de sa
cuisine. Votre vermicelle était des meilleurs, la
pâte en était douce et le bouillon moelleux, les
olives fraîches et fermes, le rôti fort bien cuit
à point, le poulet et les épinards très bien réus-
sis, ainsi que la salade. Nous faisons des réserves
pour les petits pois qui, seuls, n'ont pas été
unanimement applaudis, et qu'une jolie bouche
a trouvé trop relevés. Dans votre salade nous
avons constaté une huile pure, véritablement
algérienne, sans coton. Votre dessert également
était très bon, et les dattes ont été saluées
d'enthousiasme. Votre premier vin rouge de table
avait du bon, mais a été trouvé trop corsé,
tandis que le blanc, celui des Tamarins, a été
unanimement jugé supérieur, même au Médoc.
Il en reste encore dans la dernière bouteille, mes
bons amis, mi carissimi, buvons à El-Outaya,

buvons à notre bon dîner, à notre excellent
hôtelier de la grande avenue du désert. Enfin,
quelques chiffres : absinthe, dîner, café, cognac,
3fr. 75 ! N'est-ce pas que ça donnerait envie d'y
aller ?

Huit heures déjà ! s'écriaient-ils, et le cocher
frappait à la porte pour activer les voyageurs ;
Messieurs, vous avez gagné la table ; si vous
voulez gagner aussi les lits, vite en voiture. Et
voilà, dans la nuit, au milieu de l'ombre qui
couvre la terre uniforme, voilà la voiture lancée
grand train. C'est à peine si on s'aperçoit des
dernières maisons que l'on quitte ; vient un bruit,
une sorte de lumière de lanterne se fait voir. Ce
sont les Anglais, ils vont ne plus rien trouver
à l'hôtel, mais vont se venger en crevant leurs
chevaux pour avoir les lits. Chacun après une
si bonne heure, un si gai commencement de
bonne fortune en arrivant dans ce désert, fait
la grimace à l'idée de dormir sur une table de
café. Je coucherai sur le billard, réclame l'un.
— Oui, le premier accarc c'est 30 francs. — Non,
alors j'irai coucher chez Fatma ! — Horreur,
s'écrie la jeune femme, soyez persuadés que si
j'apprends que vous avez été voir ces filles, je
ne vous permettrai pas de m'approcher. —
Soyez certaine, marquise, que demain soir nous
tous aurons vu la danse poilante..... — Vou-

lez-vous bien vous taire. — Le ballet de Vénus.
— Je vous pince. — Le pas de l'amour heu.....
Aïe ! j'ai une crabe dans le bras.....

Ce que c'est que l'influence d'un bon repas et
d'un vin aimable et généreux ! La voiture si
silencieuse d'abord est maintenant des plus
bruyantes, on coure dans la nuit sans s'en douter, sans faire la moindre attention aux cahots,
aux trous qu'on rase, au triste pays qu'on traverse. Une bande de chameliers venait en grand
silence. Le filateur met la main dans sa poche pour
prendre son revolver, et en faisant cette perqui-
sition, il s'aperçoit que sa sacoche a été oubliée
au bordj. — N'ayez crainte, vous n'êtes pas ici
en plein monde civilisé, ni en Suisse, ni à Nice ;
votre valise n'est point perdue; et pour le moment elle est tout à fait oubliée. On contemple
la nuit avec ce ciel bleu sombre, sur lequel se
détachent les étoiles, comme des diamants jetés
sur du velours bleu. Aucun bruit, aucun souffle
à l'horizon ; à l'Ouest, éclairées par la lune, les
arêtes bien taillées des montagnes se dessinent
parfaitement. Chacun est gai, on vient à reparler
des Ouled-Naïl, *qui aux environs des villes
du Sahara viennent trafiquer de leurs charmes
en gagnant leur dot.* De ces prêtresses modernes de Vénus on vient à parler de celles de
l'Antiquité, puis du Mont Eryx, du culte autre-

fois général sur les côtes de la Méditerranée, de Astarté, aujourd'hui remplacé par le culte de la Madone. C'est le contraire, disait le sculpteur et pourtant la même chose. Tenez, je tiens, je crois, un bon conte à ce sujet, je l'ai appris du commandant du paquebot de Tunis à Bône. Comme je ne sais pas le Marseillais et que j'ai horreur de cet accent, je ne vous narrerai pas le fait dans le ton du cru. Un matelot de Martigues, un Martigau, alors dans un moment de danger, croyant que c'était une affaire finie, et du bateau et de lui, se jeta à genoux et fit vœu à la Madone de lui donner un cierge gros comme le mât ou le bras, si elle le sauvait du naufrage.

La tempête apaisée, le beau temps revient et le bateau rentre au port. Aussitôt débarqués avec leur paie, les matelots vont vite — faire la noce — aux environs de l'Hôtel-de-Ville, le Martigau avec eux.

Deux jours après le Martigau refuse d'aller continuer la vadrouille et prétexte son vœu.

Ses camarades calculant la dépense qu'il avait faite avec la grosseur du cierge qu'il pouvait acheter, s'arrangent pour le précéder à N.-D. de la Garde. Embusqués derrière l'autel, ils attendent mon Martigau, qui arrive dévotement un brin de cierge à la main, gros comme un fil. A genoux devant la statue de la Madone qui tient dans ses bras le bambino, il récite ses *ave* et dit tout haut :

« Sainte Madone, il est vrai, je t'avais promis un cierge gros comme le bras, mais le patron a peu payé et pourtant tu sais si la campagne a été dure ; sans toi le bateau était perdu ; je te le jure ! je t'apporte un petit cierge, mais la prochaine fois, j'en atteste ton saint bambino, je t'en apporterai un gros comme le bras. »

A ces mots, comme si ce fut le bambino pris à témoin qui eut répondu, une grosse et grasse voix sembla sortir de l'autel et dit :

« Oui, espèce de propre à rien de Martigues, tu blagueras encore. »

Sur ce, le Martigau de s'empresser de répondre :

« Fils de garce, ce n'est pas à toi que je parle, c'est à madame ta respectable mère ! »

Après ce conte, inconnu aux voyageurs, il fut imposé à chacun de s'exécuter et d'en raconter un. Comme ce livre n'est pas un livre de contes je ne les citerai pas ; du reste, il en est quelques-uns qui ne sauraient décemment trouver place ici, en commençant par celui que le filateur débita où se trouvent des choses très pittoresques, celui de la jeune actrice où les Brosseurs et les Rothut avaient une trop grande part, enfin celui de l'ingénieur métamorphosé pour le moment en montreur d'animaux et disant à propos du singe : « Cet animal est si poilu qu'il faut souffler dessus pour lui voir le..... » Quant au récit du colon, il suffit de dire qu'après les dix premiers mots, la jeune actrice, la marquise, pour mieux écouter ou faire semblant de n'y point trouver de charme, s'allongea dans la position d'une femme qui dort.

En Afrique on conte des histoires — historiques — dont on n'a pas idée dans la rue de l'Université. Si Rabelais ressuscitait, ce n'est plus à Chinon où il n'y a plus son château, ses vignes, ses braves buveurs qu'il reviendrait, ce serait peut-être dans quelque coin de l'Algérie, dans quelque village de colonie dont les pères des colons actuels ont été les premiers colons, après avoir été les officiers les plus distingués et les plus enthousiastes de l'armée de la conquête. Pouvez-vous, aimable lecteur, supposer les choses incroyables qui peuvent se raconter en Algérie sur ces mots latins : *secundum, secula, seculorum, amen.* Je ne le tenterai pas pour ma part ; mais si vous êtes curieux, allez à l'absinthe, au vice ou à la chasse avec quelque algérien et demandez lui de vous narrer ces histoires-là, en commençant par le passage du Chéliff.

Les ivrognes, après avoir bu un verre, redisent toujours aux amis qui veulent partir : Ah ça ! il ne faut pas s'en aller que sur un pied, c'est dangereux, il faut prendre encore un verre !

Il en est de même pour les conteurs de qui une bonne histoire ayant excité la curiosité des auditeurs, sont obligés d'exécuter un *bis*, ou de dire un deuxième morceau. Notre colon, après le succès de fou rire de ses amis, leur servit un autre conte du crû ; mais pour varier, il leur dit en vers cette histoire drôlatique et mirifique qu'il intitula : « Le sifflet du chef de gare d'El-Kantara ».

— « Comme ce sont des vers, dit-il au commencement, excusez-en les mots trop choquants, excusez-en la mauvaise facture, je les ai pris, non à la pipée, mais à la glu, et à cette glu d'Afrique très peu rectifiée. »

Certaines gens, dans leurs discours,
Ont un mot qui revient toujours.
Le philosophe, lui, se taxe
De rester toujours dans le vrai,
A la Centrale on dit : dans l'axe.
Rien ne vous apprendrai,
Disant que chaque état exprime à sa manière
Le beau, le vrai, d'un terme admis dans sa carrière.
Un artisan parle du fil,

Pour son bois et son outil.
Pour le tailleur, c'est la « mesure »,
Même mot pour la chaussure.
Pour le peintre c'est : dans le ton
Comme un chanteur pour la chanson.
C'est : le « sens » parmi les légistes,
Le « Nord » pour les coureurs de pistes.
Le grand chic pour un *chemineau*
S'il voit que c'est bien, que c'est beau,
C'est de dire : « il est dans le disque ».
En effet, là, franc de tout risque,
On est au but, tout est parfait ;
On est dans l'axe, dans le vrai.
Puis chacun répète à la ronde
Ce mot fait pour courir le monde.
Remarquez pour le chef c'est un point capital,
Il a toujours l'oreille et l'œil à ce signal,
Y consacrant son existence.
Rien pour lui n'acquiert aussi grande importance.
Sitôt qu'il entend le sifflet
On lui voit l'œil vif, inquiet,
Aller du disque à la machine.
Toujours le disque le fascine,
Comme sur la brèche un soldat
Au signal d'un prochain combat.
Or, un chef de cette contrée
Avait pris femme par besoin,
Voulant sa maison plus ordrée,
Que de sa cuisine on prit soin,
Peut-être aussi par dépit

De coucher tout seul dans son lit.
On eut certe juré que ce mortel heureux
Avait bien rencontré : la fille était jolie,
Bien faite, jeune encore, caractère joyeux,
Comme dans ses propos très modeste et polie.
Pourtant après le mariage,
On vit au bout de quelque temps
De la brouille dans le ménage,
Le mari n'était pas content.
Pourquoi ? — La femme était charmante,
Active, adroite, et de bon goût.
Bien docile et très caressante.
Rien n'annonçait une surprise,
Dans l'espoir qu'il s'était formé,
Car, en effet, sous la chemise
Ce qu'il trouva l'avait charmé.
La gorge était blanche, polie,
Les roses tétons faits au tour,
La taille souple et embellie
Par les plus excitants contours ;
La coupe est très riche, opulente.
Lorsqu'il a pu passer la main
Au frein, en descendant la pente,
Il rencontra sur son chemin
Belle et merveilleuse contrée
Au doux contact et dont l'ampleur
Semblait montrer comme assurée
Une grande part de bonheur.
Mais, hélas ! quelle destinée !
C'est entre ces jolis objets

Que cette femme infortunée,
Lâchant un ouragan de pets,
De son mari perdit l'envie.
Car sitôt que sur le velours
Il contentait sa fantaisie
Elle, tout entière à l'amour,
Oubliait, dans la circonstance,
De reboucler le sphyncter
Qui, flasque, accordait la licence
Aux vents de s'échapper.
Le mari bouda bien des jours ;
La mignonne, dans sa tristesse,
Se demandait par quel recours
Pourrait revenir sa tendresse.
On était dans cette saison
Où tout s'émeut dans la nature ;
Se fuir dans la même maison,
En vérité, c'est la torture :
Si peu de chefs se font coiffer
Par absence de voisinage,
Par contre il faut se contenter
Du bien qu'on a dans le mariage.
Le sang chauffé par la saison,
Aiguisé par longue abstinence,
Le pressait de rude façon ;
Enfin, en se couchant le soir
Il fallait bien la trouver belle
Quand gentille elle laissait voir,
A travers la fine dentelle,
Son sein, son flanc et dans le lit

Respirer sans sa douce haleine,
Zéphyr suave, attiedi,
Qui s'est parfumé dans la plaine ;
De force il fallait bien sentir
Ses belles cuisses rondelettes,
Ses deux seins fermes rebondir
Au contact des mains inquiètes.
Il hésitait tant il craignait,
Recommençant, entendre encore,
Dans le moment qu'il se pâmait,
Ce triste ronflement sonore.
Mais le gaillard était à point ;
S'en aperçut bien la pauvrette
Qui dit : Le moment est venu
De faire une bonne ruette,
Si j'allais me mettre un bouchon ?
Peut-être je pourrais à l'aise,
Sans bruit, recevoir ma façon ;
Ne craignant plus que je déplaise.
Aussi sur la table de nuit
Elle mit une bagatelle
Qu'elle pourra prendre, sans bruit,
Quand l'occasion sera belle,
Pour obstruer son entêté.
Justement, survient un orage ;
Notre mari surexcité
Sentant une folle rage
D'aimer passa d'abord la main
Sur la gorge d'ivoire qu'il trouve plus unie
Et puis il descendit bien au-dessous du sein,

Trouvant à son souhait douce forme arrondie.
    La brunette, de son côté,
    Que le plaisir excite,
    Se retourne avec volupté,
    Par un baiser l'invite.
    Sa douce main va fourrager
    Dans un coin rempli de délices
    Et conspire pour abréger
    L'attente par des soins propices.
    Mais le mari fut trop tôt prêt :
    Aussi pour boucher, que prit-elle
    A la hâte ? — C'est le sifflet !
    Tout d'abord cela marcha bien,
    Croyant, dans la passe amoureuse,
    Pouvoir retrouver le lien
    Si cher pendant l'époque heureuse ;
    Mais il avait trop attendu :
    Il s'emporte avec frénésie,
    Chaque effort fut très bien rendu
    L'étreignant jusqu'à la furie.
    Son bonheur devenait complet ;
    Tout à coup, sous la couverture,
    Se fit entendre le sifflet.
    Notre chef ahuri, trompé par la nature
    Du bruit qui sort d'entre les draps,
    S'écrie : Sacré nom ! je bisque,
    Pour un coup que tu ne pètes pas
    Voilà que le train est au disque !

VII

En chantant, en riant, en poussant des bruyants ha ! de surprise à chaque bon mot dit, à chaque idée drôle spirituellement exprimée, la route fut enlevée par enchantement et comme l'on montait une grande côte au pas, le cocher se tourna vers les voyageurs en lui montrant du fouet le sommet de la côte :

« — Le col de Sfa ! dit-il ! »

Avec les chemins de fer, les voyages à pied et en voiture sont devenus très rares. On arrive à Paris sans l'apercevoir. Mais ceux qui aiment encore voyager avec plaisir et intelligence et cherchent à repaître leurs yeux des tableaux qui saisissent ou charment leur imagination, regrettent sincèrement le temps de jadis. Figurez-vous que les trains au lieu d'arriver en plein Paris, à toute vapeur, soient tous obligés de passer sur le Mont Valérien. A l'approche de cette hauteur l'on ne serait point encore à Paris, mais de là on verrait cette ville immense, cette vaste fourmilière humaine ; de quelle émotion et de quelle sensation chaque voyageur ne serait-il pas saisi ? Il en est de même au col de Sfa. C'est de là qu'on voit le désert, et par là qu'on y entre.

Aussi, arrivé au sommet de la côte, sur la crête de cette chaîne de montagnes, d'une couleur sombre, où ne se voyait pas le soupçon d'une végétation quelconque, la voiture s'arrêta pour laisser chaque touriste contempler à son aise le spectacle qu'il avait à ses pieds. Juste à ce moment la lune, de temps en temps masquée par de gros nuages qu'elle blanchissait au passage éclairait en plein le désert, comme un fantastique décor de féerie, non point avec l'éclat que peut seul donner le soleil, à l'horizon infini, ainsi qu'à tous les détails de cette immensité, mais elle l'éclairait à demi, d'une lumière discrète, douce, indiquant les points, sans les faire ressortir et surtout prêtant une ombre délicieuse à l'horizon, se confondant si bien avec les nuages gris, qu'il était impossible de savoir où la terre finissait.

Chacun des voyageurs garda le silence à cette vue ; il serait donc bien prétentieux de vouloir écrire et décrire ce que la parole ne saurait traduire elle-même.

Comme une grosse tache noire sur cette immensité, apparaît bientôt peu éloignée, l'oasis de Biskra ; bientôt commença la descente du versant de la montagne, et l'on s'enfonçait dans le désert comme si l'on eût descendu sur la grève d'une incommensurable plage.

A neuf heures les voyageurs entraient dans la ville, au milieu des jardins, des maisons blanches. Bons premiers ils étaient arrivés, mais cela suffisait-il ? Hélas ! L'hôtel du Sahara était plein, retenu par dépêche, et l'hôtesse aimable offrait des matelas et les tables du café.

— Nous avons une dame, fait remarquer l'un.

— Eh bien ! je vais vous faire conduire dans un café où vous serez logés assez bien, reprend l'hôtesse.

O politesse prête à disparaître, ô courtoisie française jadis vantée en France et perdue, où faut-il aller pour te retrouver ; où faut-il venir pour rencontrer un dîner confortable et une maîtresse d'hôtel polie, vous faisant conduire dans une autre maison rivale et vous offrant ses excuses ? Où la trouve-t-on cette chose première des nations civilisées, inconnue aujourd'hui en Europe ? Où est-elle enfin ? Au désert, oui, au désert ! Comme au temps des Romains de la décadence, où se trouvait la vertu ? Au désert.

Aussi, jamais à mauvaise fortune ne fit-on si bon cœur. Nous sommes à Biskra, disaient-ils, ça suffit. Dans une ville consacrée à Vénus, où

l'on trouve tant de politesse, pouvons-nous douter de la nuit ?

Le patron du café, distant de peu de mètres,
vint à la rencontre des voyageurs et leur offrit la
salle de billard, — pour le couple, et trois lits
dans une salle du café, après le départ des consommateurs.

Chacun saute à terre joyeux et donne pour
le lendemain rendez-vous au cocher.

Être parti le matin à 7 heures 25 de Constantine et arriver à 9 heures à Biskra, c'est une assez jolie course que l'on supporte bien à 20 ans.
Qu'allait-on faire jusqu'à minuit? Telle était la
question que se posèrent les voyageurs assis autour d'une table et savourant de la bière.

Après s'être un peu orienté, on se mit en
marche sous la conduite d'un Arabe qui s'était
aussitôt offert comme guide, en très bon français.

Biskra n'est pas fort grande ; c'est une ville
ressuscitée (voir *Piesse*), rectangulaire, avec des
rues tirées au cordeau. Au milieu, un vaste jardin, au centre duquel est l'église. Autour de ce
jardin se trouve, d'un côté, une rue où est l'hôtel du Sahara, première halte des voyageurs ;
d'un autre côté, une autre rue où est le café du
Sahara.

A Biskra, point de maisons à plusieurs

étages ; presque toutes n'en ont qu'un et beaucoup n'ont qu'un rez-de-chaussée. Point de pierres de taille, pas de pierres même ; tous les murs des maisons sont faits en terre, mais bien crépis au lait de chaux, ce qui donne un très grand air de propreté.

Après avoir traversé deux rues silencieuses, le guide les mène au quartier des Nailictés : Deux grandes rues pleines de lumière et de bruit. Sur leurs portes, les dames sont assises en grand uniforme. Ce premier coup d'œil n'est point étonnant du tout, car elles ne sont pas belles. Elles ne valent pas celles de Constantine.

Dans un café, un boucan du diable se fait entendre. On y danse ; mais le café est bondé d'arbis, avec quelques Européens (des touristes), assis gravement. A quelques pas plus loin, ie guide invite les voyageurs à entrer dans un grand café presque désert. On approche un banc et tous s'asseyent. Bientôt arrivent deux danseuses, d'une taille moyenne ; l'une paraît jeune, l'autre âgée et peu ragoutante. Une sorte de flûte, pareille à celle du biniou breton, un tam-tam, une kasba, voilà l'orchestre. Il prélude ; puis tout-à-coup attaque avec furie un morceau dont chaque note vous déchire le tympan.

C'est au son de cette musique que les deux

danseuses exécutaient leurs contorsions abdominales et callipyginales. Après ces deux-là, qui produisirent peu d'effet sur les étrangers une autre vint, plus jeune et plus jolie, puis une autre ; elles se mirent à danser ensemble.

Est-ce la peine de décrire cette danse quand tous ceux qui ont écrit sur l'Orient, se sont plus à définir cette chorégraphie-là ? Les avis sont partagés sur l'attrait qu'elle procure. Je crois que son plus grand attrait, c'est encore la danseuse quand elle jolie, jeune, facile et qu'elle est revêtue d'un beau costume, composé d'une gandoura de soie ou de laine, bien serrée aux reins souples et formant des plis gracieux s'harmonisant avec les mouvements du corps.

Du reste, la danse classique des Ouled-Naïl n'est pas celle qu'on voit au café, en public : demain j'aurai à décrire la danse, la vraie danse de Ouled-Naïl, telle que tout voyageur qui se respecte doit la voir à Biskra.

Les oreilles rompues, un peu désenchantés, puis mal à l'aise au milieu de cette foule d'Arabes qui tout de suite avaient envahi le café, les Français payèrent leur tasse, sortirent et les danseuses s'en allèrent.

Ils continuèrent à visiter la rue. s'arrêtant devant chaque femme, l'examinant, se faisant inviter à monter et n'en trouvant pas d agréables et de jolies.

— Mais vos filles, dit le filateur au guide, ne valent pas leur réputation. Je n'en vois pas de séduisantes.

— Les belles, lui répondit le guide, ne sortent pas comme celles-là.

— Seigneur, ayez pitié de nous ! Partout c'est la même chose ! En tous les cas, demain, notre cher guide, il faudra nous en montrer de triées sur le volet : ma famille m'a recommandé de profiter de mon voyage et de bien utiliser les fonds qu'elle y a consacrés. Je serais désolé de manquer à ses nobles sentiments.

— Je doute fort, lui dit la jeune femme, que ses opinions soient les vôtres.

— Madame, ignorez-vous qu'un grand jurisconsulte a dit : « Dans tout, cherchez la femme? » C'est surtout dans les voyages qu'il faut la chercher, l'étudier. — Et vous comptez aller vous... aboucher avec ces vilaines créatures ?— D'abord, aboucher est délicieux, exquis; c'est dommage qu'il n'y ait pas un homme de lettres parmi nous. Ensuite notre guide ne vient-il pas d'assurer qu'il y en a de jolies, et notre excellent colon, pour l'appeler par son nom, n'avait-il pas commencé une histoire sur ces jeunes créatures du bon Dieu, paraissant finir en démontrant qu'il y a chez elles du sang grec, du pur sang hellène ; alors, des lignes antiques, des beautés pareilles aux anges ! — Des anges rien moins que sains. — Mes intentions sont pures. J'ai la crainte du mal, ce qui, d'après Vêpres, est le commencement de la sagesse.

Après avoir circulé dans ces deux rues, avoir vu et revu ce que c'est qu'une soirée pour les Biskris, ils vinrent se rafraîchir, causer entre eux et se communiquer leurs réflexions sous les arcades du café et respirer l'air parfumé par les cassis qui forment la haie du jardin. C'est un parfum qui tient le milieu entre celui du lys et de la violette. L'été, alors que la chaleur est si forte, le sirocco si violent, tout le monde, la nuit venue, vient dans le jardin, sous les voûtes des arbres, goûter le frais ; en mars, le soleil n'est que généreux, les nuits sans être froides sont fraîches ; on dirait être sur les boulevards, au mois de septembre.

Après, il fut convenu que le lendemain matin, on irait visiter l'oasis. Les consommateurs partis, chacun rentra, aida à faire son lit. La nuit fut bruyante d'abord, puis parfaitement employée comme bien on pense.

Tous étaient levés de bonne heure le lendemain matin, et après le café pris, la voiture part pour faire le tour de l'oasis de Biskra.

VII

Sortie de la ville, la route entre dans des champs d'orge, déjà épiée; tout le sol est vert, d'un vert superbe, et l'effet de ces trois couleurs dans leur crudité, le vert des champs, le vert des palmiers, le blanc des burnous, le bleu implacable du ciel, est incroyable. Devant cette nature, chacun admire sans restriction. La voiture conduit à l'ancien Biskra, où ne se voient plus que des débris de murs en briques de terre. Il faut le savoir pour deviner que là, il y a cinquante ans, était une ville. De là, on va voir un petit hameau où il y a une couba. En entrant entre les deux files de maisons, une nuée d'enfants, de fillettes, se précipitent derrière la voiture, demandant des sous : une poignée ne les satisfait pas, les excite au contraire. Les chevaux filent plus vite, mais cette volée les suit ; les jeunes gamins mettent la gandoura en l'air, montrant naïvement toute leur bijouterie ; les filles, avec leur melafa ouverte, paraissent dans leur course se soucier peu aussi de laisser apercevoir leurs petits trésors. Arrivé devant la couba, on descend au milieu des enfants deve-

nus une foule ; en face la voiture, une jeune enfant de 10 à 11 ans se tient en souriant. Dieu,
qu'elle est jolie! tel est le cri de tous. Entré
dans la mosquée, on monte sur la terrasse ;
quelques enfants et des hommes montent avec
les voyageurs.

De cet endroit peu élevé la vue est de toute
beauté. Quel est le coloriste, le broyeur de couleurs qui, à ce spectacle, ne serait point en-
chanté? A la suite des touristes, une nuée d'enfants, de fillettes à la tunique bleue, a envahi la
terrasse ; parmi elles, la jolie petite qui a pro-
voqué un si unanime cri d'admiration. Assis sur
le rebord, chacun promenait son regard partout
pour exciter sa curiosité, pour y prendre des
tableaux à graver dans sa mémoire. A propos
de je ne sais quoi, le colon dit quelques mots
d'arabe le plus pur, et aussitôt parmi les hommes
et les enfants qui étaient là, une autre physionomie leur fut donnée ; puis, après quelques mots
d'histoire sur ces environs qu'on distinguait, les
Arabes qui parlaient un peu le Français comprenant qu'ils avaient devant eux, non des
commis-voyageurs ou des voyageurs qui voyagent en commis, en croque-kilomètres, prirent
un air aimable et sympathique. Tenez, dit le
colon, voilà une vraie Ouled-Naïl, cette belle
enfant entourée de sa tunique bleue. A deux

mille ans de distance, vous pourrez voir la vraie
Grecque, non seulement dans les lignes de sa
figure, de son corps, mais aussi dans son vête-
ment. Vous savez tous votre archéologie et
votre ethnographie. Voyez comme ce que vous
avez lu, comme ce que vous avez vu dans des
gravures, est vrai et aujourd'hui encore vivant.
— Racontez-nous ou plutôt finissez de nous
narrer la légende sur cette tribu, dit l'ingénieur.
Après avoir demandé aux Arabes, dont plusieurs
étaient vieux et *taleb*, c'est-à-dire savants, c'est-
à-dire sachant lire, s'ils savaient les origines des
Ouled-Naïl, sur leur réponse négative il commença; les Arabes comme les Français tendant
l'oreille. Le filateur ouvrit un fort joli étui garni
de cigares et de cigarettes, l'offrit aux *taleb* qui
dégustèrent avec volupté les cigarettes tunisien-
nes. Le colon ouvrit sa blague, une kisa (bourse
de femme) en marocain rouge, et roulant une
papileto commença.

Ce que je vais vous dire est une légende.
D'où vient-elle? Qu'importe! elle peut avoir
beaucoup de faux, mais on peut trouver, comme
aujourd'hui, des preuves vivantes de sa proba-
bilité, de son authenticité.

A une époque inconnue, une ville grecque,
probablement à la veille d'être prise d'assaut
dans une guerre, monta sur ses galères et cingla

vers la haute mer ; sans doute pour gagner la grande Grèce, Tarente ou Parthenople, ou bien Cadix. Une tempête survint, leur fit perdre leur chemin et les lança sur l'Afrique, entre Alger et Bougie. Un dernier coup de vent les jeta à la côte. Les bateaux brisés, une partie probablement de leurs compagnons s'engloutirent. Ils abordèrent ces rivages, s'y établirent et formèrent la tribu kabyle appelée les Oumouggoun, dont les femmes sont renommées par leur beauté qui rappelle celle des Grecques. Une autre partie, sans doute la plus aventureuse, voulut s'aventurer dans l'intérieur des terres ; mais, assaillis par tous les indigènes, ils ne purent se fixer nulle part, ni sur le rivage ni dans les terres ; ce ne fut qu'arrivés au désert, après les Hadna, ne rencontrant plus d'hommes, qu'ils purent planter leurs pénates où sont aujourd'hui les Ouled-Naïl. Ils gardèrent leurs mœurs, leurs usages, comme leur beauté, et cette belle enfant que vous venez de voir ne vous rappelle-t-elle pas n'importe quelle jeune Grecque, une Corinthienne que vous auriez pu rencontrer vers la 95ᵉ olympiade ? Ayant appelé la jeune enfant, il lui prit la main et continua.

Voyez cette peau, le soleil ne l'a point brûlée, il la dore ; c'est pour elle que Victor Hugo semble avoir écrit : ta peau n'est ni blanche ni cuivrée, c'est tout à fait la peau mate, fine, laiteuse pour les femmes qui sortent peu, ambrée pour celles qui souvent vont à l'air, de quelques femmes de race d'Arles, de Marseille et de Naples. Ses yeux sont grands, ouverts, comme ceux de la Mauresque, mais celle-ci n'a que la beauté, tandis que dans ceux de cette enfant, ne sentez-vous pas l'esprit, l'âme même qui parle, sort sous ces longs cils, dans ces grandes prunelles noires ! L'œil de la femme arabe est noir, grand, encadré de longs cils ; il est fort beau, mais il est aigu, dur, avec je ne sais quoi de sauvage ; on y sent la fougue de la passion, mais sans les douceurs des caresses. La juive a des yeux étonnants. veloutés, mais opaques dans leur couleur sombre et vous donnant le frisson de la peur ou le doute sur sa valeur amoureuse.

Quant au nez de cette fillette n'est-il pas du grec le plus pur, semblable à celui de la tête d'Eros, droit, fin, allongé, aux ailes souples, mobiles ; quant à cette bouche, comment la confondre avec celles des filles arabes ou juives? Certes, elle est sensuelle, mais le dessin en est plus pur, plus serré ; aux coins, les lèvres sont amincies, tirées, toujours prêtes à sourire, à être aimables, au lieu d'être relâchées comme celles d'une bête repue, dont la bouche n'a jamais l'occasion d'être l'image des sentiments agréables qui agitent son âme ; puisque de sentiments il y en a peu et d'âme souvent encore moins. Je ne puis vous détailler toutes les qualités qu'il y a dans son corps ; elle n'est pas encore d'âge à danser la gandoura sur le tapis ; mais tenez sa main, examinez si tout n'est pas bien proportionné et délié. Chaque doigt est déja formé et annonce une structure parfaite de tous les membres. Voyez comme il est plein à la première phalange, arrondi à la seconde, sans nœud, et effilé au bout du doigt. Soyez sûr que son pied sera fin, son mollet gros, sa cuisse olive, et son... Oh ! assez, s'écria la jeune femme, diable, mon cher, que de choses vous voyez dans un doigt de la main. — J'y vois tout. — De la manière que vous montiez, en effet, vous auriez été capable de nous prophétiser la future grosseur de ces deux monts

> Qu'en nos climats les gens nomment tétons
> Et ceux aussi qui sur l'autre hémisphère...

La paume de la main c'est le mont de Vénus... Silence ! nous ne vous permettons pas.—Je vous assure que Desbarolles... — Voulez-vous vous taire ! ces graves taleb auront une piètre opinion de vous.—Vous êtes jalouse des beautés de cette enfant. — Non, car j'aimerais l'embrasser.

L'Algérien avait toujours dans sa main la

main de la fillette qui souriait à la courte alter-
cation des étrangers et partageait des yeux leur
bonne humeur. Ce tableau était du plus pittoresque : ces Français devant cette foule d'Arabes aux burnous blancs, cette foule d'enfants
aux gandouras rouges, bleues, violettes, ces
gamins à peine vêtus, la tête ornée de la chechia
rouge, tout ce monde monté sur la terrasse se
dessinant sur le brun des murs des maisons
voisines, sortant d'entre le vert des orges
et des palmiers limités à l'horizon par le brun
du sol, à perte de vue du Sahara, se confondant
au loin avec le ciel bleu. Que de lumière, que
d'éclat dans tout cela. On comprend que tant
d'artistes se soient énamourés de cet endroit
unique sur la terre. Des noms de nos grands
coloristes leur vinrent à la mémoire, et le sculpteur regrettait que cette année Guillaumet ne
fut pas à Biskra, où sa meilleure inspiration
lui vint, où son génie fut formé.

Hélas ! pauvre Guillaumet, au moment où
là-bas, on prononçait ton nom en faisant ton
éloge, sur ce coin de la terre dont ton pinceau a
rendu si bien la beauté que tes yeux voyaient,
que ton esprit calculait ; oui, hélas ! à ce même
moment, ton esprit était hanté de sinistres pensées, et, sans plus songer à retourner au désert,
au pays du Naïliètès, à la Séguia, tu appelais la

mort pour nous ravir ta palette et nous pri-
ver de ton si beau talent.

Qui aujourd'hui va te succéder? Tu t'étais
emparé du Sahara, selon l'expression de Brouillet, de celui qui aurait pu devenir ton rival, s'il
eut voulu faire de l'Afrique ; qui aujourd'hui
viendra prendre ta maison saharienne que tu
avais achetée, artiste consciencieux, afin d'y
peindre sur nature tes toiles si brillantes et si
vraies, pour y trouver et ton souvenir et l'espoir de t'égaler ?

Que veux-tu, ma mignonne, demanda la jeune
femme à la fillette ? — Elle sourit, ne demandant
rien, prise ainsi à parti ! Tiens, voici un souvenir de moi ; tâche qu'il te porte bonheur, et
elle lui remit une petite pièce en or.

Etonnée l'enfant retournait la pièce entre ses
doigts et le colon lui dit : Garde bien cette pièce,
pour quelle soit le gage et l'annonce d'un heureux sort et te rappelle le souvenir d'une jolie
chrétienne qui te l'a donnée parce que tu es la
plus belle enfant qu'elle ait vue depuis un mois
en voyageant en Orient. Garde donc bien cette
pièce comme souvenir de ta beauté qui augmen-
tera toujours pour le bonheur des hommes, s'il
plaît à Dieu ; Inch'Allah !

Les arabes qui avaient à moitié compris la
légende de Ouled-Naïl, demandaient à l'Algé-

rien des explications, fort piqués et heureux
de rencontrer un taleb, un savant — Tout en
traduisant à ses compagnons leurs questions,
il lança la conversation sur la Grèce.

Ce devait être avec ce même costume, la
melafa bleue, rappelant l'antique tunique
grecque, mais avec une enfant plus belle encore qu'Appelle aperçut la belle corinthienne
qui devint son modèle favori et finit par être
par sa beauté la divinité vivante de Corinthe.—
Ainsi, dans ce pays, que de choses une seule
figure vous rappelle ! Voulez-vous monter dans
le train des grandes imaginations ? Dites, d'où
viens-tu, belle enfant ? D'où vient ta beauté,
ton génie ? Figurez-vous alors, une grande colonie grecque la veille d'être prise d'assaut, s'em-
barquant, au plus beau temps de l'humanite,
dans une des plus florissantes colonies de la
Grèce, comme dans « le Dernier jour de Corinthe » de Robert Fleury, l'ennemi implacable et barbare est maître de la ville déjà à
moitié incendiée, des femmes de toute beauté,
nues, dans leur désespoir, implorent encore leur
divinité impuissante ; au fond du golfe, sur la
mer azurée, sous le ciel bleu, si beau, si pur,
même devant une telle dévastation, des galères
ont pu s'échapper : c'est sur elles que se trouvaient les aïeux de cette enfant.

C'est très beau l'imagination, je n'en disconviens pas, dit à la fin le filateur, mais, le déjeûner arrive et allons à lui.

— Oui, mon cher compagnon, lui dit l'Algérien, avec la Grèce, j'ai oublié qu'il allait être
vermouth ; tâchons d'arriver à Biskra à absinthe moins cinq, et faire en sorte de nous mettre
quelque chose dans le fusil qui nous calle soli-
dement les côtes, avec quelques bouteilles pour
nous laver la dalle et finir par un café, suivi
d'un cognac sérieux qui, avant de partir nous
rince le porte-pipe, selon le langage des Zéphirs.

Descendu de la mosquée, il faut en voir l'intérieur, ou plutôt acheter des cierges pour le
marabout, absolument comme chez les catholiques, et, Adieu ! Sidi Cercour ! La voiture
repart au milien de la nuée de gamins courant
après les gros sous.

Jusqu'à présent l'on n'avait pu qu'admirer
dans Biskra la nature, sans l'art qu'y ajoute
l'homme. Car les habitations des Arabes ou
leurs jardins, leurs plantations et même les
constructions de la ville nouvelle ne rappellent
guère le quartier Marbeuf. L'exemple ne s'était
pas présenté de ce que le progrès moderne uni
à la nature, pouvait donner dans ce merveilleux
endroit. Aussi un crochet fut-il fait pour aller
voir le Chateau-Landon, aux confins de l'Oasis,

presque sur les bords de l'Oued-Biskra au lit
encaissé et large, parfaitement à sec alors, montrant ses innombrables galets blancs, brillants
au soleil, sur un sol terre de sienne semblable
à celui du désert.

Une fort belle construction carrée, de style
mauresque, implacablement blanche même
aveuglante, s'élève dans un enclos, derrière
une grande grille de fer forgé. Un indigène vous
reçoit, et doit vous faire visiter le jardin. En
marchant sur un gravier fin et brillant rempli de paillettes de mica, l'on avance dans les
allées pleines d'ombre, en plein jour ; tant les
arbres sont touffus, tant cette végétation est
luxuriante, merveilleuse. C'est un vrai rêve, à
se croire transporté dans un jardin de décor
d'opéra. Au milieu des bananiers, des dattiers,
des bambous, des daturas, des palmiers, des
cocos datils, des chamœdoréas, des formiums,
des philodendrons, des rhapis, des strelitzas.
vous marchez étonnés, émus ; votre imagination est surexcitée.

Le cœur vous bat ; si bien qu'en passant dans
l'allée des Pamplemousses, les images de Paul
et Virginie apparurent à l'esprit des visiteurs.
Oui, disait la jeune femme, j'aurais aimé naître
et grandir là, à l'ombre de ces grands bananiers,
en contemplant cette verdure, ce ciel immense

et si beau, cette lumière qui semble dans sa clarté, comme rendre la vie plus rapprochée du ciel, plus éthérée. L'on ne souffre point ici des besoins douloureux de la vie : le froid y est inconnu et la faim, en face ces beaux fruits si gros et si brillants de couleur, ne peut jamais avoir l'acuité du besoin. La vie doit être ici plus douce et plus forte qu'ailleurs ; comme on doit y aimer !

Ce n'est pas sur des bords battus par les vents auprès de maigres roseaux, que Fragonard aurait dû placer sa ravissante vierge accroupie, sentant les premières émotions de son cœur agiter son âme, à la vue des ramiers qui, jusqu'à sur ses épaules se poursuivent d'amour et se becquetent, non, ce devrait être ici.

Où donc les papillons trouvent-ils des fleurs plus éclatantes que sous ce soleil, plus dignes de leurs couleurs ? où sentent-ils un air plus léger ? Voici le pays des tourterelles qui roucoulent sans cesse sous ces épais ombrages. Ah ! oui, avec cet air ambiant, qu'il doit être facile à vivre et d'aimer longtemps !

La note amoureuse était donnée et chacun y alla de son couplet si bien que l'un des voyageurs se jetant aux pieds de la jeune femme, attaqua, comme s'il se fut trouvé sur la scène, un duo d'amour auquel les autres répondaient

en chœur allumés par la gaieté, entraînés par
le merveilleux de l'endroit sans souci du garde
indigène, digne dans son burnous blanc, im-
passible et d'un œil noir regardant sans pouvoir comprendre cette scène qu'il devait trouver très déplacée. Il contemplait, hautain et
sévère, tous ces jeunes Français exubérants
de jeunesse avec un souverain mépris. Le colon qui connaissait son arabe sur le bout du
doigt, d'un coup d'œil l'avait deviné, aussi lan-
ça-t-il à ce superbe majordome quelques dro-
leries en arabe, intraduisible ; et le merveilleux
de cette puissance du langage fut, qu'au lieu
de continuer son air rogue, il fit l'aimable.

A ce sujet, l'Algérien fit encore cette sortie :
C'est une chose curieuse, cet engouement des
Français, des Parisiens surtout pour les por-
teurs de burnous, et le mépris que ces derniers
gardent pour leurs admirateurs. Rentré chez
lui dans sa montagne, sous son sale gourbi, l'A-
rabe qui a eu tant de regards enthousiastes à
Paris dit à ses amins, à ses femmes en parlant
des Français : ah ! bassine ! oh ! les imbéciles !
Tout, dans notre manière d'être avec les étrangers, avec eux, leur paraît parfaitement sot. En
effet, l'Arabe est aussi hypocrite que poseur ; il
le fait à la dignité. Allez chez eux sans trop de
bruit, sans escorte armée, en bon bourgeois et

vous verrez avec qu'elle hautaine supériorité,
digne d'un vieux baron du Moyen-Age ayant
château-fort, donjon à machicoulis haut de 80
pieds, un simple Cheik, (un garde champêtre),
vous recevra dans sa zériba, et de quel œil jaloux,
méfiant, investigateur, les enfants mêmes vous
examineront à la dérobée et comme les femmes
auront le soin de s'éloigner de votre regard.

Le Français s'empresse auprès de l'étranger; son fils vite se familiarise avec lui; sa
femme lui sourit, est coquette, cherche à lui
plaire. L'Arabe, vous jugeant d'après lui,
semble se mettre en garde et éloigne son fils
pour que vous ne le souilliez pas et évite d'éveiller toute idée de femme.

— Et savez-vous qui déteste encore plus
que nous ces Arabes de la plèbe, ces vrais Bédouins, ces fanatiques, complètement rebelles
à toute civilisation, dénués de tout soupçon de
morale? Ce sont les Arabes de la caste aisée,
un peu lettrée et civilisée. Ceux-là méprisent
leurs coreligionnaires du dehors; en voyant la
France les faire leurs égaux, ils en sont encore
plus choqués que nous.

Le garde, qui parlait un peu le français, souriait. L'Algérien l'apostropha ainsi :

— N'est-ce pas que ce que je dis est vrai?

Les montagnards, barrani, nous méprisent surtout.

— Vous avoir raison, les Zarrab di la montagne comme des bêtes, quif-quif bourriquot.

Après de longs regards donnés à tout ce petit Eden, les voyageurs le quittèrent pour gagner le déjeuner à Biskra.

C'est un trajet en voiture de dix minutes,
au milieu de palmiers géants, des champs
d'orge verte, que l'on coupe déjà comme cou-
page pour la nourriture des bêtes et arrêter sa
trop grande pousse. Ici c'est un champ de fèves,
là un petit jardin de navets et de carottes ; tout
cela d'un vert vibrant se détachant admirablement sur le sol d'un rouge d'ocre.

Le long de la route, des ânes passent chargés de denrées allant ou revenant du marché de
Biskra. Un surtout attire l'attention.

Sur une grosse botte d'herbes vertes, une
guirlande de poivrons rouges pétarde avec sa
couleur de pourpre.

— Dieu! s'écrie Rosta ; quelle provision!
mais ils ne vivent donc que de piments?

— C'est pour se donner du ton, de l'appétit
pour manger leur cous-coussou et des forces
afin d'aller au bonheur. Voilà leur picotin,
comme le poivre, disait-on en France, dans
cette joyeuse Touraine, était appelée l'avoine

des prestres, selon Rabelais. A ces rustres, il leur faut du montant ; l'imagination et la sensibilité leur faisant défaut, leurs sens ont besoin d'excitants de brute.

— Ah ça, vous autres Algériens, me paraissez tout de même de bien mauvais coucheurs. A Constantine vous mangiez du Juif, ici vous dévorez de l'Arabe, vous n'êtes pas sociables alors !

— Déliquescente marquise, vous êtes charmante, oui, charmante, et je vais vous proposer une équation comme réponse. Nous sommes, tous les trois, trois bons amis de Robert ; je suis persuadé que si l'un tombait à l'eau, il se jetterait, même avec sa chemise bien empesée pour le repêcher ; il nous prêterait bien au besoin cinquante louis ; cependant je doute fort qu'il nous laisserait prendre une trop grande latitude sur vous. Qu'éprouverait-il, dites, si l'ingénieur, en sa qualité, voulait se mettre dans votre axe, le filateur tâter votre toison d'or et moi vous ravir le cœur ?

— Il se fâcherait et il aurait raison ! en vous qualifiant de vilains.

— Il aurait raison. Eh bien ! mais l'Algérie, pour nous, c'est comme une maîtresse adorée. Nous souffrons, nous rageons de le voir la proie de ces vilains, ce pays, pour qui nos pères ont

combattu afin de le conquérir et de lui donner la liberté et la beauté.

A Lambèse j'ai été élevé au milieu des ruines:
mon percepteur, un malheureux détenu, ancien
lieutenant qui avait mangé la grenouille, tout
en m'apprenant à lire avait été chargé d'étudier
les débris de l'ancienne ville romaine et je l'ac-
compagnais.

Les prisonniers déblayaient et découvraient
des statues ou des mosaïques. C'était le sujet
de longues conversations entre mon père et ses
amis, des officiers venant de temps en temps
de Batna, admirer aussi ces vestiges de l'ancienne civilisation et de la grandeur romaine
pareils à un squelette montrant ainsi par les
grands murs, les voies, les colonnes encore
debout, la solidité d'une structure admirable et
enfin par les mosaïques et les statues, la richesse de la parure et de l'enveloppe.

C'était comme une ville ravagée tout à coup
par un épouvantable incendie.

L'impression en dure encore en moi, et de
leur vue et des souvenirs, des pensées qui s'é-
changeaient à leur sujet.

Et devant ces ruines il vient toujours à l'esprit, du penseur et du voyageur, l'idée de ceux
qui les ont causées ; et devant les Arabes devenus maîtres de l'Afrique depuis leur invasion

du 9° siècle, il faut leur dire : Qu'avez-vous fait de l'Afrique ? — Vos yeux vous diront : des ruines, et presque une terre sauvage.

Voilà ce qui reste de ce pays autrefois si riche dont le séjour était interdit aux exilés de Rome; dont Stace nous a laissé une description enchanteresse nous peignant cette côte d'Afrique si riche, si agréable alors, où est maintenant le Sahel, semblable un immense jardin, de Carthage, aujourd'hui Tunis jusqu'à Cœsarée maintenant Alger.

Massinissa, roi de Cirtha (Constantine), avait fait venir pour embellir et décorer sa ville toute une colonie d'artistes grecs; c'était donc un peuple parfaitement civilisé qui habitait déjà, mille ans avant l'invasion arabe, ce pays.

Toutes les hordes du Nord de l'Europe : les Vandales, les Goths, les Visigoths, les Ostrogoths, sont venus à la décadence de l'empire romain en Afrique comme sur une reine ou une courtisane aussi belle que riche et donnant toutes les jouissances ; eux, avaient pillé, saccagé, massacré les uns après les autres; mais dans leur barbarie ils n'avaient pas mis, la destruction de tout, en principe. Les Arabes sont venus et avec eux l'Afrique civilisée a disparu; les peuples ont été massacrés; tous les vertiges de la civilisation ont été détruits, et les terres

incultes envahies par les chardons et les broussailles.

Quand les Maures ont quitté l'Espagne, les
Espagnols n'ont point détruit leurs travaux ni
les mosquées, ni les barrages.

L'Arabe a tout anéanti.

Et sur cette terre couverte de jardins où l'eau
devait couler en quantité, aujourd'hui vous
voyez une désolante stérilité.

J'ai vu des débris de barrages longs de plusieurs centaines de mètres, épais d'une trentaine
et complètement détruits. Cette vue vous con-
fondait ; et l'on arrivait à s'étonner autant de la
puissance du travail et de l'intelligence de ceux
qui avaient bâti de tels travaux que de la puissance de ceux qui les avaient si complètement
démolis.

Au sujet de l'Arabe, deux grandes erreurs
existent en France, profondément enracinées
dans l'esprit des masses par l'ignorance : c'est
de croire au génie civilisateur de la race arabe.
Dès qu'on parle de leur génie, l'Alhambra apparaît avec toutes ses merveilles. Mais tous ces
travaux ne sont rien moins que leur œuvre.
Pas un Arabe n'est maçon ; ils n'habitent que
sous la tente ou dans un gourbi. Dans le midi
de l'Espagne, les Arabes ont, dit-on, produit
une civilisation merveilleuse : agriculture, archi-

tecture, barrages, etc. Mais tout cela venait
directement de la Perse, de Zoroaste, non de
l'Arabie de Mahomet. Ce qu'on appelle l'architecture arabe est l'architecture persane, et à
mesure que l'islam a remplacé le mezdéïsme, la
Perse a décliné.

L'autre erreur est de croire l'Arabe d'Afrique
dans son pays, comme l'Alsacien dans le sien.
Non, l'Arabe en Algérie n'est qu'un envahis-
seur, surtout un destructeur. Cette terre, il l'a
volée à la civilisation, aux races de l'Europe, et
loin d'y avoir acquis par ses travaux l'estime
et la reconnaissance de l'humanité, il ne montre
que des ruines et les conséquences d'une implacable barbarie, méritant la haine et le mépris
pour sa race de tout homme civilisé.

A lui maintenant il peut lui être dit : Si tu
veux qu'on t'épargne il fallait épargner les
autres. Sans avoir pour lui la sauvagerie qu'il
eût pour les vaincus, il faut lui montrer une
justice implacable afin de le confiner dans ses
instincts de destruction et l'empêcher de nuire
à tous les progrès qui s'élèvent autour de lui et
qu'il déteste.

Qu'un Lorrain porte de la haine au Prussien
cela se conçoit : il est dans son pays ; on admet
sa haine ; mais il ne peut se faire qu'on mette
sur le même rang un Lorrain et un Bédouin.

L'un est sur sa terre en maître d'un bien qu'il soigne et enrichit ; l'autre n'est sur l'Afrique que comme un voleur installé dans un palais qu'il a incendié.

Pour mieux peindre par un trait leur caractère et leur opposition à notre civilisation, je ne puis, tout impossible qu'il paraisse être, m'empêcher de citer ce fait. Un garde-barrière du chemin de fer de Constantine à Philippeville était un ,Arabe. Bientôt après son installation, les conducteurs de train aperçurent, en passant, quelque chose d'anormal autour de la coquette maisonnette. Enfin, au bout de quelque temps un inspecteur y vint et, quelle ne fut pas sa stupéfaction, de voir que l'Arabe s'était construit un gourbi derrière la maison, et que la maison lui servait d'écurie au rez-de-chaussée pour ses deux vaches et au premier pour ses veaux.

C'est en Algérie qu'elle jure cette fausse opinion des Français sur le génie civilisateur des Arabes, puisqu'on y voit que des ruines ; ruines immenses, d'un pays si grand et si riche, ruines de tout ce qui est non-seulement le luxe de l'esprit humain et du progrès, mais de tout ce qui est nécessaire à la vie des hommes sortis de l'état sauvage : les routes, les ports, les barrages. Leur génie, c'est la destruction.

Peuple pasteur et pillard, comme le sont encore leurs frères de la Mésopotamie et de l'Arabie, partout où la faiblesse des autres nations les ont laissés pénétrer, ils ont tout ravagé, détruit tous les monuments du travail de l'homme ; les hommes, ils les ont massacrés, et ceux qui ont survécu au massacre, après les siècles d'abaissement et d'ignorance sous leur. fatale domination sont devenus aussi abaissés qu'eux. Loin de grandir les peuples vaincus, ils les abaissent ; loin d'enrichir la terre ou leurs conquêtes les ont poussés, ils en abattent tous les ouvrages, et la stérilise. Ils ont détruit les monuments, les ouvrages de la civilisation romaine comme ils détruisent encore aujourd'hui les forêts de l'Algérie. Que penserait la France, que dirait l'Europe, si l'on apprenait qu'une bande de bergers des bords du Loing, afin d'avoir pendant quelques années de gras pâturages pour quelques centaines de petites vaches et de chèvres, incendiaient, par une chaude journée d'été, toute la forêt de Fontainebleau ? Ils ne méritent, je le répète, que le mépris et leur passé en Afrique devrait les mettre au ban de l'humanité.

Ils peuvent, par leur extérieur, attirer le regard, car ils ont leur beauté et même un certain charme ; on voit en effet en eux une admirable souplesse et surtout une force et une énergie d'homme, de mâle, peu commune; ils en imposent, et captivent le regard comme les fauves ; ils ont fait dans l'humanité le même œuvre et méritent alors d'être traités comme tels.

En somme, entre les Arabes et les Juifs, pour qui votre cœur se prononcerait-il ?

— Il ne balancerait pas. Je vous ai dit que je faisais pour les Arabes des exceptions. Je déteste la masse parce qu'elle est aveugle et fanatique, capable de nuire dans l'avenir. En Algérie, c'est le Bédouin « vivant de brigandages dans le nord de l'Afrique et dans l'Arabie » qui domine ; comme le Juif domine au détriment de l'Israélite. Le Juif, fils de Juda, — Youdi, — qui a vendu son frère, qui a vendu son Dieu, lâche et sanguinaire, muni de tous les vices pour abattre ses ennemis aidé de la Juive. La Juive, lassive par calcul, souvent goule froide ; dont la beauté plastique à la ligne serpentine qui fascine et attire auprès de la splendeur de ses charmes. Pareilles à des anneaux puissants d'un reptile, ses caresses pleines d'exsuccion et de cupidité enveloppent et pressurent, vidant l'homme de son or et de son sang.

Parmi les Arabes, j'en ai connu d'excellents ; j'ai eu de charmants condisciples que j'aime encore. Nous nous entendons assez bien et même sur beaucoup de points nos opinions sont les mêmes. Il y a chez eux de grandes qualités d'homme ; ils sont braves, enfin. Tandis que les Juifs, qui ne peuvent déjà pas nous suivre dans nos marches militaires, ne feront dans une guerre qu'une masse de traitres, de lâcheurs. S'ils tirent jamais, ils ne pourront que nous tirer dans le dos. En France, tout est aux Juifs : les banques, 'la presse, les théâtres. Ils sont en force dans l'armée ; ils ont en main l'intendance ; et bizarrerie, ou admirable combinaison de leur effrayante puissance en Europe! il en est de même chez les Allemands. Ah ! chrétiens, non-circoncis, des deux côtés des Vosges, égorgeons-nous pour ces charognards-là !

Ce mot, qui est tout algérien, produisit un joyeux effet d'hilarité. Juste à ce moment un affreux vieux passait, sale, dégoutant, puant, avec une barbe, véritable poème de saleté. Tenez, un Juif ! Y a Giffa ben Giffa ! cria le colon.

Que dites-vous là ? Que veux dire Giffa ? — charogne? — Et ben. — Enfant. Oui, voilà la dénomination du Juif en arabe ; c'est son nom comme à du beurre.

—Et pourtant mon cher, malgré vos cris et vos

emportements vous iriez bien 20 kilomètres à cheval pour écouter de l'Halévy, saluer une maîtresse page de Duran et à la vue des yeux immenses, noirs, veloutés, d'une Esther, oublier vos haines et chanter dans ses beaux bras des psaumes d'amour !

— Mais marquise, tous les Allemands sont-ils aussi bêtes que le scrofuleux comme l'appelle Rochefort pour ne plus vouloir boire du Champagne en haine de la France ? Je déteste les Juifs aussi comme race, à cause de leur internationalisme ; mais je reconnais leurs qualités, regrettant qu'elles soient souvent employées à nous nuire.

J'ai eu de très-bonnes relations avec plusieurs Juifs ; même étant gamin, quand le collège communal fut fondé avec le collège arabe, les Arabes ne voulaient point voir entrer les Juifs et j'ai été obligé de faire le coup de poing contre nos amis fils du désert pour les Juifs nos condisciples. Les Juifs sont donc mes débiteurs, aussi je m'en aperçois : quels mauvais payeurs ! Combien les Arabes ont bien raison d'avoir inventé leur légende de Giffa ben Giffa.

Est-ce drôle ? — Certainement — Alors racontez-nous ça pour faire diversion à vos revendications.

Mais elles sont justes, jour de Dieu, nos revendications ! Les peuples sont comme des individus inégaux en liberté et en richesse.

Pour gagner ses grades de liberté et de noblesse, la France a lutté pendant des siècles. Demandez à ce Juif que nous venons de rencontrer que faisaient ses aïeux ? Etaient-ils comme les nôtres sur les champs de bataille de Zurich, de Hanau, de Waterloo pour défendre la Patrie, la France, et conquérir sa liberté et son autorité dans le monde ? Nos pères ont été à la peine, pour que nous soyons à l'honneur.

Mais nous, fils de ceux qui ont combattu autrefois. Je plante des vignes aujourd'hui, ce n'est pas seulement pour moi, mais pour mes enfants et si plus tard d'autres hommes, des étrangers voulaient vendanger ces vignes que j'ai plantées, mes fils auraient raison de leur allonger des coups de fusil. Ça, c'est leur bien propre, comme notre droit de Français devrait pour nous être un titre et un privilège.

Qui a bâti la maison l'habite, et doit en profiter. Attendez en France, et vous verrez que de toutes les bonnes places, les Juifs feront sortir les Français qui seront cul-tout-nu, et mis à la porte de leurs biens.

Dans dix ans, assure Rothschild, les chrétiens, les non-circoncis, les Français surtout ne man-

geront que si les Juifs le leur permettent. Ceci
est une parole historique. Je voudrais bien vivre encore ce laps de temps pour juger de la
prophétie, voir un Juif m'enlever le pain de la
bouche ; le soir, la moitié de la rue Laffitte sera
dynamitée, je le jure !

A cet atroce serment la voiture éclata en cris
au milieu desquels on entendaient ces terribles
menaces : la dynamite ou la mort ! la dynamite
et la mort ! hurlées le poing fermé et sous le
nez de son vis-à-vis ; puis les touristes après
cette petite scène de commune burlesque récla-
mèrent l'histoire intéressante des Giffa.

— Colon, assez du drame passez à la comédie
et exécutez-vous.

D'abord : Vive la Sociale ! et voici comment
maintes fois un Arabe m'a raconté cette légende.

Vous autres Français, s'empressait-il de me
dire, vous ne les connaissez pas ces vermines
de Juifs. Ils se posent sur un pays, dans une
famille, comme des vers sur un morceau de
viande.

Une mouche dansante, bourdonnante, vol-
tige tout autour, amuse même vos yeux, et
vous n'y faites pas plus attention.

Cependant, elle a déposé toute une miriade
de vers. Quand vous la connaîtrez, vite vous la
chasserez ; c'est une maline. Non, vous ne

les connaissez pas les Chiffa ; ces Chiffa ils sont capables de tout. Comme les sauterelles ils rasent tous les fruits de la terre, et pour ce qui est des hommes, ils les corrompent, les souillent, rien qu'au contact. Oui, ils sont capables de tout ; leur audace pour l'or les poussèrent jusqu'à braver la colère de Dieu et de son Saint Prophète, à convoiter et à ravir les choses saintes.

Au commencement de l'Hégire, il y avait un grand Saint marabout à Sidi-Bouthin ; les pélerins venaient de loin y faire leurs dévotions, apportant de très riches présents. Une fois que la caravane était plus nombreuse que de coutume et surtout munie d'une quantité considérable de dons, les Juifs l'apprirent et formèrent le projet de s'en emparer ; — ces gens-là pour le mal savent tout. Le lendemain matin, tandis que les Musulmans étaient en train de faire leurs ablutions, les Juifs fondent sur le camp, massacrent les gardes, pillent les trésors.

Le Marabout, du haut du ciel voit l'injure, court trouver Mahomet, lui demande vengeance. Mahomet implore le Dieu juste et bon qui a maudi les violateurs de choses saintes, obtient l'extermination de ces Juifs, l'horreur de la race humaine. Alors les Musulmans animés d'une vaillance et d'une agilité merveilleuses pour venger le vol, poursuivent avec tant d'acharnement les Juifs qu'ils les atteignent et après un opiniâtre combat les massacrent jusqu'au dernier.

Moïse ayant su le crime de son peuple n'osait implorer Dieu juste et bon pour un tel peuple dégradé; cependant il était triste. Aussi le soir prêta-t-il une oreille attentive aux lamentations des Juives qui l'appelaient : O toi! notre prophète viens nous consoler! ta race est détruite à jamais, car tous les hommes sont morts.

Moïse s'approcha de Dieu, et le pria de regarder d'un œil clément ces malheureuses Juives; puis il dit à Dieu : Oui, ces coquins ont commis un crime abominable; mais comment la race va-t-elle continuer son rôle sur la terre? Tu a permis, ô! Dieu, juste et bon, l'extermination de tous les mâles et les Musulmans dans leur rage n'en ont pas oublié un seul.

Mahomet était près de là; il souriait dans sa barbe, satisfait, l'âme apaisée et contente. Le cas paraissait difficile à résoudre; Dieu était perplexe. Lorsque Moïse entendit des jeunes femmes dans une oraison jaculatoire demander, en guise de consolation. de pouvoir encore passer une nuit avec leurs maris morts afin de concevoir. Il saisit cette idée et demanda à Dieu la permission pour tous les cadavres des maris de ressusciter pendant cette nuit afin de perpétuer la race. C'est ça, dit Mahomet, désormais ce ne seront que des Giffa-ben-Giffa.

En vous racontant cette légende, si l'Arabe s'aperçoit d'un soupçon d'incrédulité sur votre figure, dans votre regard, il ne manque pas de vous dire : Tu n'y crois pas ! cependant as-tu jamais senti un Juif, et n'as-tu pas été frappé de son odeur pénétrante, nauséeuse, infecte ? C'est bien l'odeur de la charogne, la suite et la preuve de la punition de Dieu infligée à ces maudits.

Cette légende arabe s'accorde avec les savants qui ont recherché la génèse des Juifs ; selon eux loin d'être le peuple aux poétiques et divines légendes apprises jadis aux enfants, leur origine serait infâme. Pasteurs d'abord, ils contractèrent la lèpre avec leurs bêtes. Empoisonnés de ce virus honteux ils vinrent en Egypte et les Egyptiens s'étant aperçus de leur maladie prirent des précautions pour s'en garantir et tenir les Juifs à part, jusqu'à ce qu'ils trouvassent bon de s'enfuir. Ce ne fut pas comme peuple saint, choisi de Dieu qu'ils évacuèrent l'Egypte ; leur sortie s'appela beaucoup — moins poétiquement,— le départ des impurs.

Et en effet, une chose frappe étrangement dans la Bible : c'est l'énorme quantité de cha-

pitres consacrés au traitement de la lèpre con-
tractée avec leurs bêtes. Dans ces temps modernes, les Espagnols moins circonspects que
les Egyptiens, en allant au Mexique dont les
habitants étaient comme les Juifs des impurs,
ont gagné la lèpre moderne donnée par l'alpaga.

Aujourd'hui, après des sciècles, les Juifs portent sur leur figure les stigmates de l'infamie de
leur sang ; outre l'odeur qu'ils dégagent, n'ont-
ils pas aussi leur teint caractéristique, la figure
exsangue, ce teint blanc, non pas laiteux,
ambré comme celui des méridionaux, mais avec
un dessous verdâtre, comme celui d'un cadavre
ou d'un vivant atteint d'une maladie héréditaire,
honteuse ?

Les Juives qui se donnent à la galanterie, ont
grand soin de masquer leur odeur, odor judaïca,
déjà reconnue par les Romains, et qui peut éloigner les amoureux encore libres, indemnes, de
leurs philtres. Mais plus tard, quand la Juive par
je ne sais quelles caresses attractives et absor-
bantes, par quels vices de débauche, s'est
emparée du corps et du cerveau d'un homme,
parmi les choses indispensables à ce malheureux dans sa folie et ses besoins, il y a surtout
cette odeur qui l'attire comme le parfum de certaines plantes vénéneuses, trouble son cerveau
et l'anéantit.

Que voulez-vous, me disait à ce sujet un ami qui avait manqué choir dans les lacs d'une Esther, les sens ont leurs aberrations ; il y a le daltonisme pour les couleurs ; pour le goût, comment dire ? Tel aime dans la femme le parfum du muguet ou de la violette, tel autre a du pica pour l'ordure. »

VIII

Cette âpreté dans la critique, cette aversion de l'Algérien à l'égard des Juifs et des Arabes ne doit se rapporter qu'à la masse vulgaire, populace des carrefours des villes pour les uns, des montagnes pour les autres, encore un peu barbare, à peine née sous la civilisation. Les connaissant de naissance, ces Juifs d'Afrique, avec toutes leurs finesses et leurs ambitions, les Algériens éprouvent pour eux une haine et une peur bizarres.

Comme pour l'Arabe, cette haine est sans doute outrée ; cependant elle existe telle.

Montez dans un train, causez avec ces bons colons et aussitôt vous les voyez débiner l'Arabe, comme d'autres mangent en France du curé et du Boulanger.

Et tel colon qui, les yeux brillants de colère au souvenir de ses embarras avec ses gens, ses garçons indigènes, souhaitant rien moins que l'expulsion presque de cette race, est chez lui, avec ses domestiques, très bon enfant.

Ils n'ignorent pourtant pas qu'à côté de ces Arabes, ruraux vicieux, il y en a d'autres qui, pour les qualités d'homme privé et de serviteurs dévoués à la France, dans ses administrations et sous ses drapeaux peuvent marcher de pair avec des Français.

Que penser des étrangers qui vous diraient dans un wagon filant sur Dantzig, en parlant des Parisiennes : oh! les garces! Vous souririez en songeant malignement en vous-mêmes au genre de femmes que votre interlocuteur a dû fréquenter sur les boulevards. Il en est un peu ainsi pour ces Algériens, bons enfants au fond et chez eux pas si ennemis des Arabes que ça.

La France, certes, a commis des fautes en Algérie. Qui pourrait le nier? Mais au sujet de sa manière d'agir avec les indigènes, faut-il la condamner? Les Arabes sont vicieux, brigands, voleurs, soit; mais il faut songer que ces gens-là n'ont pas encore pu prendre leurs degrés de morale et qu'il y a 50 ans ils vivaient en pleine barbarie. Le fanatisme religieux voilà le plus mortel ennemi du Français : le jour où il pourra s'atténuer, les deux races se rapprocheront un peu.

Aussi, loin de déplorer cette commisération de la France vis-à-vis de cette race encore en général, à l'état d'enfance au point de vue de la civilisation, doit-on la louer.

Le Français après s'être montré si brave pour conquérir le pays, s'est montré aimable après les luttes ; qu'il continue à se montrer surtout juste. Et puis, en raison même du caractère rétif des indigènes, pensons que ce n'est pas avec du vinaigre qu'on attrape les mouches ; pensons aussi que si les colons se plaignent si fort de leurs vols, de leurs rapines, à côté de ces bandits des montagnes comme de nos escarpes des villes, il y a d'autres hommes qui sont dignes de notre amitié, et, qui en face de la mort, sur le champ de bataille, autour du drapeau Français, se sont montrés nos vrais frères, et nos rivaux. Le sang de Reichoffen, Wissembourg, de combien de batailles de 1870, et récemment du Tonkin, le sang qui a coulé là était un sang mélangé de Français et d'Arabes, et personne n'aurait pu distinguer l'un de l'autre : ils coulaient tous les deux avec la même force, avaient été donnés avec la même abnégation et un égal courage.

César, après la conquête définitive des Gau-

les, a-t-il hésité pour former de Gaulois, toute
une légion, *l'alouette*, bientôt devenue célèbre;
et depuis, les Gaulois ne sont-ils pas restés les
plus fermes alliés de Rome, ses soldats les
plus intrépides ?

Et parmi ces-biquots, comme les appellent ces
diables de colons, n'y en a-t-il pas de notre
sang ? L'Algérie a été une terre tellement riche
jadis, toujours si amoureusement caressée par
le soleil, que toutes les races y sont venues tour
à tour.

D'abord, il y a les Kabyles, peuple absolument distinct des Arabes, par ses traits et par
ses mœurs, se rapprochant beaucoup des Européens.

Puis, parmi ces biquots dis-je, on trouve
souvent des ressemblances frappantes avec certains types de France. Que de fois ne m'est-il
pas arrivé d'examiner un type et de dire : on dirait un Breton, un bon Beauceron. Enfin un
souvenir personnel.

J'allais une fois pour reconnaître des ruines
que les Arabes m'avaient indiquées comme très
grandes, j'allais pendant de longues heures dans
un pays où de loin en loin, j'apercevais quelque
fumée de gourbis, des champs de blé superbes
encaissés dans d'immenses broussailles de lan-
tirques et de myrtes, et j'arrivais enfin près

d'un amas de pierres de taille. Là devait s'ele-
ver une petite ville, et partout la nature avait
envahi ces débris ; la terre les avait recouverts
en partie.

Parmi les inscriptions assez lisibles d'un petit temple, nous trouvâmes le nom de la cité et
quel ne fut pas notre étonnement en voyant :
Celtia. — La Celtique. — C'était donc une colonie de Celtes, de Bretons qui avait été pla-
cée-là ; quelques déportés de l'époque.

Et alors dans ces montagnes voisines, où les
habitants des villes, sous les invasions multi-
ples avaient dû s'enfuir et trouver un refuge, c'é-
taient donc des frères, des Bretons emportés
loin du sol de la Patrie et au milieu de tant de
naufrages, ayant perdu leur langue, leur nom
et jusqu'au souvenir des ancêtres, morts sans
doute en souhaitant notre venue comme libérateurs, avec le drapeau fait des couleurs de la
vieille Gaule : du bleu, image du bleu de son
ciel, du rouge rappelant son vin, sa gaieté, son
sang, son courage, enfin le blanc imagé de la lumière, de l'innocence du cœur et de l'éclat de
l'intelligence !

Leur mémoire avait tant perdu : leur langage et leur origine ; leur sang a été plus
fidèle et en 1870 sur le champ de bataille il a
décelé sa race en montrant sa valeur.

En France, les Arabes ont trouvé beaucoup d'enthousiastes et de sympathies ; ceux qui sont venus étaient généralement dignes d'estime. Pour les colons, les Algériens, je le répète, après avoir éreinté l'Arabe en public, — et c'est pour cette raison que j'ai reproduit la sortie du colon, parce qu'elle est vraie, qu'elle est un document, — ils conviennent cependant avec la meilleure grâce, qu'ils ne sont pas tous à pendre et que sans eux, leurs propriétés n'iraient guère ; ils reconnaissent aussi un grand nombre d'Arabes — fanatisme supprimé — bons, comme nature, ne cherchant pas à faire aux autres ce qu'ils ne voudraient pas qu'on leur fît à eux-mêmes, civilisables enfin.

Ils usent à leur égard de l'hyperbole par rancune ; ils les jugent jalousement, sans penser que cette condamnation en masse des Arabes est fausse comme celle dont ils se plaignent d'être les victimes de la part des Français.

Acerbe est leur critique. Ils jalousent les indigènes ainsi qu'un fils de famille jalouse un bâtard, comme le fils d'un patricien de Rome eut méprisé et conspué un esclave choyé et favorisé par sa mère.

Mais il est juste de dire que toutes les fois qu'on essaye devant eux d'émettre de ces réflexions et d'espérer une entente prochaine, ils vous répondent en vous montrant soit les traces d'un trou fait dans leurs murs pour les voler, soit un monceau grisâtre de cendres, débris d'une meule de blé incendiée, en vous nommant le nom d'un ami, d'un voisin assassiné ; arguments péremptoires, véritables pavés, capables de rabattre l'essor de toute imagination trop sublime, ambitieuse de s'élever dans les régions de l'idéal de la philanthropie, au-dessus du terre-à-terre, du fait accompli et du terrain de la dure nécessité ; — arguments qui militent, il faut l'avouer, en faveur de leur haine et de leur colère.

Naturellement, dès le commencement des relations des deux races, des heurts ont eu lieu ; mais des deux côtés les esprits les plus éclairés se sont rapprochés ; le temps, une longue justice, ramènera le reste et plus tard il ne restera que les rétifs et les rebelles ; le grain sera séparé de l'ivraie. Alors, il faut l'espérer, en toute petite minorité et digne du feu et du vent.

Déjà depuis longtemps l'élite de l'aristocratie arabe est venue et s'est empressée de se rapprocher le plus qu'elle pouvait. Dès 1850 les grands chefs vinrent à la Cour. Leur éducation, leurs sentiments, les faisaient Français du premier abord. Aujourd'hui, dans les villes, vous trouvez dans les cafés de bons citadins indigènes, qui sont de bons bourgeois, tout à fait comme ceux de la rue du Sentier. Mais avec une grande qualité que ne peuvent pas avoir leurs collègues de Paris : ils ne s'occupent pas de sale politique. Ainsi, après les aristocrates, les bourgeois se francisent ; la masse viendra à son tour avec le temps, surtout si l'on s'applique à lui donner des juges et des administrateurs instruits, les connaissant déjà et honnêtes.

L'aristocratie était venue la première ; les grands chefs, malgré ces siècles écoulés dans la barbarie gardaient la tradition du moyen-âge et de la chevalerie. Parmi eux, Mokrani, bacha-agha, de Kabylie était certainement le plus remarquable. Il prétendait descendre des Montmorency. L'on m'a assuré avoir trouvé en effet un Montmorency disparu et qui serait la souche de cette famille. Cette prétention et cette légende peuvent paraître vraies quand on a vu Makrani et lorsqu'on se rappelle sa conduite en 1870.

Débordé, sentant les Kabyles, encore barbares, poussés à la révolte par une véritable folie, il renvoya ses décorations au capitaine de Bordj et l'avertit de se tenir sur ses gardes : la guerre était déclarée. Sur ces entrefaites, il apprend qu'un entrepreneur était avec tout son chantier campé près des Portes-de-Fer. Pour le sauver, il n'hésite pas un seul instant, et avant que la révolte, pareille à la mer déchaînée ne se soit soulevée pour se répandre, il part au chantier et trouve l'entrepreneur, Brunel, je crois, car je suis le premier, sans doute, à citer ce fait. Il faut partir aussitôt lui dit-il, dans deux heures les Kabyles vont venir et tout sera massacré.

— Mais je n'ai pas d'argent pour faire la paye et pas un ouvrier ne voudra partir sans son compte.

— Combien vous faut-il ?

— 4000 francs au moins.

— Les voilà ! lui dit Makrani, et dépêchez-vous.

Ce trait est assez noble et généreux ; il peint l'homme et montre que la France, si elle eut un adversaire dans Makrani, n'eut jamais un ennemi. Il était bien digne de l'estime et de l'amitié que les Français, qui l'avaient connu autrefois, lui avaient donnée.

Bien que je fusse fort jeune quand j'ai vu Makrani, je me le rappelle très bien : sa physionomie avait séduit ma jeune imagination, et me l'avait fait remarquer au milieu de tant d'autres ; j'avais été frappé par son amabilité

et la finesse de ses traits, de sa main — une
main de duchesse.

Voici un autre exemple, tiré du peuple : le
gaillard dont je vais raconter la fin, pouvait
bien se dire avec bien des Français, égal en
bravoure, en fierté et même en patriotisme.

C'était à Magdebourg ; tous les jours un turco
allait à la cuisine du camp, dirigée par les Allemands, chercher la nourriture de ses hommes.
Une fois, mécontent sans doute des saletés
que les Teutons voulaient leur faire avaler, il se
plaint à l'officier qui, pour toute réponse,
croyant avoir affaire à une brute sous ses ordres, lui allonge un soufflet.

A cet outrage, le turco se recule, toise le
Prussien, et avec une force inouïe, jointe à une
agilité incroyable, empoigne l'officier, l'enlève,
et le tournant en l'air, le plonge, la tête la première, dans une de ces immenses chaudières
remplies d'eau bouillante.

L'officier fut asphyxié net, et le lendemain le
turco fut fusillé. Il marcha avec un dédain superbe à la mort, et pour donner le signal du
feu, lança en l'air sa calotte rouge en criant :
Vive la France !

Il y a donc parmi les Arabes d'autres hommes
que ces biquots, chenapands et fainéants, ennemis des colons ; il y a de braves gens,

avec des mœurs douces, une aménité de manieres dignes des Français. Et si je puis avoir un jour l'occasion de l'écrire, je tâcherai de rappeler un séjour que je fis tout enfant chez un cheick, si flatté de la confiance que mes parents avaient eue en lui en me confiant à lui, si heureux avec ses enfants et ses femmes de me recevoir, de me faire fête, et vite de m'habiller en Arabe. Les beaux jours que j'ai passés alors, sous la tente ! Je ne peux y penser sans émotion.

X

Absinthe, déjeûner, café, tout se passa gaiement. Mais si la cuisine est bonne, l'eau en
effet ne vaut rien. Après, on promit d'être sage
et l'on partit tous, conduits par le guide, voir
danser les Naélètes.

Dans une grande rue tirée au cordeau, aux
maisons propres, blanchies à la chaux, sur
presque toutes les portes, on voit une ou plusieurs femmes assises ou debout, toutes habillées, parées comme une catholique le dimanche, une actrice dans sa loge, dans son costume,
ainsi qu'on les voit dans une belle toile de
Guillaumet.

Elles vous regardent de leurs grands yeux
noirs, luisants, et souvent sauvages comme
ceux de la louve, *querens quem devoret*. Vous
vous approchez pour examiner leur habillement et leur figure, et d'un ton dolent elles
vous disent : ti ni pas piyé café, niquo bono, etc.
Vous regardez curieusement ces grandes robes
de laines, de couleurs vives, avec la ceinture de
cordonnet grenat serrant le tout bien fortement

à la taille, leurs pieds nus, bien faits, aux ongles teints de henné, leurs bras nus chargés de gros bracelets massifs en argent et même en or, leur coiffure énorme, bizarre, encadrant leur figure quelque fois jeune, régulière, mais bistrée, où l'on voit de belles lignes, mais où dominent les yeux noirs, grands, bien ouverts et encadrés dans un cercle de cils superbes, tout cela vous attire sur le moment et vous examinez curieusement, cherchant dans vos souvenirs une comparaison avec les mêmes femmes, hétaïres, de l'Europe.

Ce qui frappe surtout, c'est leur air digne, disait le filateur. Mais, ajoutait-il, les belles enfants n'ont pas de honte ; tout au contraire : on dirait que c'est avec un dessous de soupçon d'orgueil qu'elles viennent dans leur pays, offrir ainsi leur jeunesse et leurs charmes. Quelle différence avec ces pauvres malheureuses filles Elisa des villes de province ! La femme, je ne dirai pas galante, mais même publique, la fille de joie, la plus vulgaire des Musulmanes, n'a jamais ce caractère honteux, abject, que sa collègue d'Europe a souvent. Non, au contraire : loin d'éprouver le mépris, et de subir celui du peuple, elle semble vraiment, comme une prêtresse de Vénus passée à travers les siècles, remplir un sacerdoce. Certainement, dans ses jurons, dans ses malédictions, le peuple là-bas, comme en Europe, se sert de son nom et de sa qualité pour exprimer l'injure ; mais au fond il garde près d'elle une sorte de considération pour son œuvre ; c'est la prêtresse d'une Puissance de la vie.

Aussi; loin de se sentir méprisée. elle n'a pas cet abrutissement que donne la honte ; elle garde une dignité, un respect pour soi, et même une grande *respectability,* comme disent MM. les Anglais. A ce sujet, le colon leur disait : n'avez-vous pas été étonnés de la bienséance de ces dames de Constantine, n'avez-vous pas remarqué une aisance de manières qui ne peut convenir qu'aux personnes qui ont d'abord leur propre estime et qui sont habituées à être considérées? Laborieuses et économes, sans tapage ni scandale, achetant des maisons, après dix ans d'exercice souvent souriant à l'hymen, elles protègent leur famille et dans une vie régulière suivent leur destinée. Mais aussi, avec ces bonnes manières, elles gagnent la sympathie des Européennes.

Que diriez-vous, mes très chers, si en France, à Tours, par exemple, lors d'une grande fête pour une kermesse, on invitait à venir danser devant tout ce qu'il y a de plus select comme femmes et jeunes filles accompagnées de

4.

leurs nobles époux et frères, les Floras de la
ville ! Ignoble, dirait-on ; eh bien, à Alger, j'ai
vu, lors des grandes fêtes d'hiver, une fête
mauresque, à laquelle assistait le dessus du
panier de la colonie anglaise, américaine et
française, tous les hiverneurs de marque, et où
figuraient plusieurs danses exécutées au centre, sur une estrade, par les dames de la rue
de la Kasba, et aux applaudissements des
dames, à la joie des messieurs. Comment expliquer cette sorte d'aberration ? Faut-il redire vérité en-deçà, erreur au-delà ? ou plutôt croire à
l'influence qu'ont justement ces belles petites
de leur dignité et qu'elles font partager à autrui ?
La bonne opinion de soi-même est une des premières qualités qu'il faut pour en imposer.
Faut-il aussi attribuer cette sympathie des Européennes pour elles, à l'opinion bien assise et
point volée de leur pureté de mœurs.

Ah ! me direz-vous, la chose est un peu forte !
Cependant elle est Oui, la musulmane, la fille
de joie a des mœurs rigides. Car, n'allez jamais lui demander certaines excentricités,
elle vous regardera subitement avec son grand
œil noir, si profond et si dur dans sa colère que
vous serez interloqué et qu'il ne vous viendra
pas la curiosité de pousser plus loin l'investigation sur les qualités que peut avoir cette ca-

vale sauvage. Prêtresse de l'amour, elle n'a qu'un rite et n'en veut point d'autres. De même loin d'elles aussi tout soupçon d'amours étranges. Le nom de Sapho leur est inconnu, ainsi que son culte, et ce n'est pas pour elles que Goudeau aurait pu écrire son fameux sonnet :

Pourquoi ne point haïr les hommes comme moi ?
Et quels filtres t'ont-ils fait boire, ô ma Lsbie !
Leur brutalité, peux-tu l'avoir subie
Sans un dégoût pour la souillure, et sans effroi...
Mais ne me trompe pas et garde tous tes râles.
Je veux ton feu secret, sois froide pour les mâles.
A quoi bon gaspiller ton corps sous leurs baisers ;
Redoute pour tes flancs leurs puissantes tendresses ;
De ta crinière blonde à tes talons rosés
Laisse-moi promener d'infécondes caresses.

Tout en déambulant, en examinant les femmes, avant l'arrivée du guide parti prévenir les danseuses, la conversation retomba sur leur danse alléchante.

Si l'on veut avoir une idée de cette danse poétique — disait le colon — il faut se rappeler la Grèce et les bords d'Eleusis, car la danse du ventre n'est que celle que l'on voit quelquefois dans les foires, en France et même en Afrique, devant le gros public chrétien, profane. Mais, cette chorégraphie grossièrement désarticulée, n'est pas la vraie danse orientale !

Pas plus que la danse française n'est représen-
tée par le chahut de Grille-d'Egout et de la
Sauterelle.

Le pas de l'Amour, dans un ballet de faunes,
consisterait-il seulement en des contorsions
grotesques des muscles fessiers ? Cette danse,
telle que les roulures des sous-préfectures d'Alger — embauchées par quelques Juifs — l'exé-
cutent dans les foires en France, est atroce,
abjecte même.

Pourquoi ?

Parce que les préludes manquent, ainsi que
très souvent dans l'amour, où la fin est toujours moins délicieuse, désirable et enivrante
que les commencements, si pleins de tâtonne-
ments charmants, d'attaques subtiles, de surprises émotionnantes ou inespérées, et finies
par des ivresses âcres.

Hier au soir, qu'avez-vous vu dès le début
des danseuses ? presque immédiatement des
contorsions, des roulements de hanches et
comme des hoquets du bassin. Tel est, en effet,
la danse du ventre, mais telle n'est pas la
vraie danse de l'Orient. Je vais essayer de vous
la faire voir bientôt avec les Naélètes, pour
peu qu'elles fassent preuve d'un peu de bonne
volonté à mon égard, moi qui ne suis pas pour

elles, connaissant leur langue, un complet profane.

Ne vous faites pourtant pas d'illusions, car je ne voudrais pas vous offrir la peau de l'ours avant de l'avoir tué, avouant que j'ai rarement vu exécuter convenablement par ces filles cette fameuse danse. Je ne l'ai vue rendue avec passion que dans des noces, non par des danseuses de profession, mais par les femmes et les filles de famille. Alors, ce n'est ni pour le gain, ni pour leur baraque qu'elles y vont, mais pour elles-mêmes, pour leurs amants, leurs maris et leurs rivales, qu'elles veulent captiver, exciter ou étonner davantage.

Pensez-donc ! voici des femmes dont la vie s'écoule loin des hommes, de leur contact et de leur vue ; il ne faut pas alors s'étonner qu'elles saisissent avec empressement l'occasion d'une noce ou d'une fête qui leur permettra de montrer enfin, quelques instants, dans tout leur éclat, leurs beautés diverses et de faire valoir leurs charmes séduisants.

De quelle émotion, de quelle ardeur, de quelle passion ne doivent-elles pas alors être empoignées ?

Après avoir examiné, à travers les barreaux de leurs fenêtres, les ébats de leurs amies qui les ont précédées, saisi les battements des paupières des hommes, l'ardeur de leurs yeux, de quels efforts ne sont-elles pas capables pour mieux exprimer, avec art et passion, ces mouvements voluptueux de leur corps, qui prêtent à leur beauté des fascinations étranges et enivrent sérieusement ceux qui les contemplent !

Les danses françaises ne sont en somme qu'une sorte de gymnastique en mesure des jambes et des pieds ; ce sont, si je puis m'exprimer ainsi, des danses actives, qu'il faut danser soi-même, et dont le charme est la sensation directe de la femme sur l'homme, de pouvoir, en sautant ou en tournant, tenir dans ses bras — comme si c'était un avant-goût de la prossession — un être d'un autre sexe que l'on désire et que l'on aime.

La danse orientale est passive : on ne fait que la voir, on la subit comme un spectacle ; et si l'on n'a pas avec elle, le contact de l'épiderme avec une femme, au lieu d'une sauterie elle vous offre, dans toutes leurs phases, l'histoire et les poses de la volupté. Et ce n'est pas seulement le corps que vous voyez dans la danseuse, c'est aussi une manifestation des changements de son âme. Ce n'est pas seulement le torse qui doit l'exprimer, mais depuis les bouts des doigts de la main qui, à certains moments, remuent, s'agitent pour les caresses, ou bien comme ceux des baigneurs plongés dans l'eau, s'agitent avec délices pour mieux sentir cette onde qui les enveloppe ; ce sont les longs cils noirs, battant sur l'œil vif, sombre ou humide de larmes, brillant de désirs, les lèvres serrées ou entr'ouvertes, les genoux rapprochés ou saillants et jusqu'aux doigts de pied frémissants, teints de henné. Tout, dans le corps, doit exprimer à sa façon cette danse de l'Orient, image complète de l'amour heureux.

Depuis quelques instants le guide était venu rejoindre ses clients pour leur annoncer que les danseuses étaient prévenues et attendaient.

Dans une petite rue transversale, au bout des rues bruyantes, ils le suivirent. Il s'arrêta devant une petite maison et leur montra l'escalier formé de trois marches ; après les avoir salué, il se dirigea jusqu'à un café voisin, attendant leur sortie. Au haut des marches, une femme âgée leur fit signe de monter et, dans un coin du rideau servant de porte à la chambre, une jeune fille parut : Hatla ! ya Krouya ! — Monte ! ô mon frère, dit-elle ; sans doute prévenue par le guide qu'un des touristes était Algérien.

C'était une chambre assez grande aux murs nus blanchis au lait de chaux. Une seule croisée, une lucarne plutôt, donnait du jour. Au fond, il y avait un grand lit en fer à la française, avec un sommier, et recouvert d'un dessus de cretonne rouge à grands ramages.

Une natte d'alfa au bas des murs, un grand tapis du Souf, puis des coussins pour s'asseoir, une méchante petite glace placée en face le lit.

Voilà tout le décor.

A ajouter un bahut à gauche, entre la porte et le lit, et sur lequel s'assied un grand gamin de 15 à 17 ans, en attendant sans doute des ordres.

Les visiteurs s'asseyent contre le mur, en face du lit, à la turque, sur des coussins. Les petites s'approchent et se mettent à causer avec le colon.

Elles sont vêtues de simples gandouras de laine et de couleur, avec une chemise de coton blanc en dessous. Comme ceinture, elles n'ont qu'un foulard. Elles sont juste de la hauteur de la Vénus de Médicis, 1^m 40 environ. L'une est un peu brune, mais elles sont vraiment jolies, une surtout, et très jeunes.

Assises en face les étrangers, elles fument en écoutant le colon, riant de bon cœur à ses compliments et à ses calembredaines, montrant leur joyeuse nature et aussi les perles admirables enchâssées dans le corail si brillant de leurs bouches.

Après bien des cigarettes grillées, maints

verres ou tasses vidés, elles se levèrent pour commencer leurs danses.

Le jeune gamin était revenu avec une grande flûte ; il s'installa, un genou en l'air, sur le bahut de gauche ; la vieille femme, avec un tambourin, s'assit à droite, l'air heureux, satisfait, la figure empreinte d'une expression de grande bonté, examinant de ses yeux noirs tantôt les danseuses, tantôt les visiteurs.

Après quelques balancements comme pour prendre le pas, leurs gandouras disparurent et les laissa dans une nudité complète : ce n'est ni de la lassivité ni du satyriasis qu'elle provoque ; cette simplicité dans les mouvements éloigne l'idée d'une lubricité, elle n'apparaît pas impudique ; mais elle confond et vous serre la poitrine, excite seulement vos yeux et votre imagination comme le ferait la vue dans un cirque d'une admirable pouliche arabe lâchée en toute liberté sans bride, sans selle.

C'est une beauté particulière inconnue à vos yeux ; ce sont d'autres traits qui vous étonnent par la finesse des lignes et la solidité de la forme.

Quel modelé ! quelles lignes, quelle souplesse et quel nerf dans les mouvements ! s'écriait en soupirant le sculpteur.

Mais ce que l'on peut dire, c'est que ces filles

ont, au delà de toute expression, le piment de la puberté et d'une jeunesse sans égale par sa floraison enivrante.

Leur nudité — qui permet d'admirer la solidité de leur corps, la beauté exquise de leurs membres, ainsi que leur morbidezza toute saharienne — dégage un âcre parfum, et un charme étrange.

C'est en voyant une de ces filles du désert et du soleil que Gautier a écrit cette ravissante *Carmen*, qui est bien d'occasion à cette place.

> Carmen est maigre — un teint de bistre
> Cerne son œil de Gitana,
> Ses cheveux sont d'un noir sinistre,
> Sa peau, le Diable la tanna.
> Les femmes disent qu'elle est laide,
> Mais tous les hommes en sont fous,
> Et l'archevêque de Tolède
> Chante la messe à ses genoux,
> Car sur sa nuque d'ambre-fauve
> Se tort un énorme chignon
> Qui dénoué, fait dans l'alcôve
> Une mante à son corps mignon.
> Et parmi sa pâleur éclate
> Une bouche aux rires vainqueurs,
> Piment rouge, fleur écarlate
> Qui prend sa pourpre au sang du cœur.
> Ainsi faite, la moricaude
> Bat les plus altières beautés,

> Et de ses yeux la lueur chaude,
> Rend la flamme aux satiétés.
> Elle a dans sa laideur piquante
> Un grain de sel de cette mer,
> D'où jaillit nue et provoquante,
> L'acre Vénus du gouffre amer.

Pour être fidèle à sa promesse, le colon avait cajolé de son mieux les danseuses.

Tout d'abord et avec un tas de câlineries dans la voix et dans les yeux, il leur fit promettre d'être bien en train.

Elles le promirent ; mais pour s'exciter davantage, elles avaient demandé de l'anisette et du champagne.

Et, ajouta-t-il bientôt, si vous dansez bien, habillées d'abord et nues ensuite, ainsi que de belles et jolies filles comme vous dansent, non pas devant des Roumis, mais, dans les fêtes des Douars, en présence de vos amants et de vos sœurs, au bruit des hennissements des chevaux, des you-you des femmes, des coups de fusils de la fantasia — comptez non seulement sur une belle augmentation du prix convenu, mais aussi sur nos faveurs qui alors doubleront vos bénéfices !

Pour donner une idée de la danse saharienne, j'offre la description qu'en fit l'Algérien à ses amis, en qualité d'anatomiste rigoureux, ca-

rabin manqué mais enragé d'anatomie descrip-
tive, la seule chose qu'il consentit à étudier
pour faire plaisir à son père, avant d'être irré-
sistiblement entraîné par le goût de planteur,
de colon. Si vous ne la trouvez pas bonne, ma
foi, elle a bien amusé quelques-uns, et on peut
dire avec le bonhomme :

> Les délicats sont malheureux ;
> Rien ne saurait les satisfaire.

Les danseuses entrent, disait-il, et tout d'abord
rien ne paraît dans leurs mouvements ; ce sont
simplement des femmes qui se promènent sans
désirs, sans but ; elles marchent insouciantes et
nonchalamment. Mais un homme est apparu qui
la voit, la femme devient coquette. On la regarde,
elle cherche à plaire et fait onduler son corps,
pour fixer le regard sur elle. Voyez, les bras
s'élèvent, ils appellent, s'arrondissent et esquis-
sent, avec la tête et les épaules, ces tours, ces
courbes qui constituent la fascination de la
femme, de la femelle.

De coquette, sentant le regard de l'homme
pris, fasciné, attiré près d'elle, la voilà qu'elle
devient provocante, mais à froid ; puis, elle sent
la passion s'allumer chez le mâle, elle l'excite
encore en se jouant. Voyez, les mouvements sont
plus précipités, les bras s'ouvrent davantage, les

cuisses se meuvent, les reins vont bientôt s'é-
mouvoir. Quoi? elle pivote de chaque côté, lance
les mouchoirs, fait des lèvres comme une moue,
une dénégation de la tête, et recommence à
marcher! Qu'est-ce? L'image des provocations
de la femme; et lorsqu'elle s'aperçoit qu'elle a
réussi, elle s'enfuit, abandonne sa proie pour s'en
faire suivre, pour se l'attacher par le désir
contrarié. Bientôt, indifférente d'abord, puis
rieuse, badine, moqueuse, elle continue après à
provoquer, à exciter, refaisant ce jeu, répétant
ces mouvements ondulés qui sont ses charmes,
jusqu'à ce que la passion qu'elle a allumée la
gagne et la brûle à son tour. C'est alors que l'on
sent, non pas du plaisir, mais une ivresse vous
saisir. Ce n'est plus une femme seulement qui
tourne, marche, danse devant vous, c'est une
femme amoureuse, saisie de ce délire qui fait le
charme de la vie.

Ne vous est-il pas souvent arrivé, après avoir
beaucoup aimé une femme. de l'avoir désirée et
possédée, de jouir de son bonheur, de faire de
sa volupté, de sa jouissance, un spectacle aussi
intime que profondément agréable?

Lorsque la rage de votre passion s'est déjà
répandue, assouvie, mais que par amour, pour le
plaisir de celle qui vous aime, fatiguée mais non
rassasiée, voluptueusement avide, il vous faut

encore augmenter, non plus votre besoin de
volupté, mais vos forces pour satisfaire sa
gourmandise, ne vous est-il pas alors souvent
arrivé de suivre, d'étudier, d'admirer toutes les
phases de son bonheur, de calculer ses mouvements, de compter ses caresses, de savourer
longuement les pleurs qui ruissellent de ses
grands yeux mi-clos, morts, et pourtant brillants
d'un éclat singulier ? Son cou sur votre bras,
n'avez-vous pas ressenti des sensations exqui-
ses, et sur sa bouche entr'ouverte, d'où sort
comme un sanglot, une plainte contre votre
force, une invective contre sa trop grande puissance, n'avez-vous pas longtemps goûté un
murmure, un parfum, une volupté douce et infi-
nie ?

Eh ! bien, sans les embarras du mariage, des
soupçons, des querelles de l'amour, voici pourtant
ce que vous pouvez voir maintenant :

La danseuse est prise ; ce n'est plus la coquette,
c'est l'amoureuse ; le feu circule dans ses veines :
elle veut aimer. Voici les bras qui s'avancent
tremblants de désirs pour saisir l'amant ; ils s'allongent, ils se resserrent comme dans un embras-
sement. Elle a dans ses bras son mâle désiré, son
cou se gonfle, sa tête, comme sous les baisers
et sur le bras de l'homme se renverse, le feu de
l'amour envahit tout son corps ; sa poitrine est

haletante. Toute sa fureur, toutes ses forces ne sont plus dans ses mains, dans ses pieds qui appellent, provoquent, battent d'impatience ; ses bras n'ont plus ses ondulations pour charmer, ils se tendent.

La passion a d'abord gagné son cœur par le désir, l'oppression ; maintenant son désir est à moitié satisfait. Elle est arrivée à son but, et plus elle avance, plus tous ses mouvements se concentrent là où elle met son plaisir. Ses pieds sont immobiles, ses jambes tendues, ses bras vont bientôt se raidir comme ceux de la *Salambo* de Ferrier. Sa poitrine, houleuse, s'apaise, seuls ses reins, ses hanches, ondulent, frémissent ; son ventre tressaille sous une crispation violente et continuelle.

Voyez cette violence dans tout son médium, examinez cette frénésie, cette palpitation de ces charmes qui, avec raison, quand on les voit ainsi dans toute leur beauté et leur valeur, ont bien mérité un culte spécial à Vénus Gallypige ; et, comme la belle et honneste princesse dont parle Brantôme prendrait de joie à ce spectacle, elle qui se plaisait si fort à la vue de ces jolies filles qui par certains petits remuements lascifs le faisaient remuer et frétiller !

En face de nous, elles viennent souriantes nous

présenter les coupes des voluptés et semblaient nous dire :

— Venez, elles sont pleines ! elles ressemblent aux chèvres qui, la journée entière, ont pâturé parmi les cytises et l'arbousier, reviennent le soir les mamelles gonflées, appelant avec douleur les chevreaux pour les soulager.

Mais comme ces appels sont vains, vis-à-vis de nous, elles continuent, emportées par le tourbillon de sa passion qui va elle-même s'assouvir. Ses flancs se rétrécissent et s'allongent, son ventre, mis en élan par de puissants contre-poids dans un va-et-vient continuel paraît attirer, étreindre, lâcher et resserrer tour à tour. Le mouvement va toujours in crescendo ; subitement elle s'arrête, tout son corps convulsé dans une secousse brusque, semble s'être raidi, crispé.

Cet arrêt dure une seconde et après la danseuse pirouette et recule de plusieurs pas en se couvrant la figure renversée derrière ses mouchoirs ou son bras. A ce moment elle a honte de son ivresse et de la fin de son délire.

De même beaucoup d'amoureuses, même des plus belles, se retournent et détestent être vues à l'instant où la volupté les touche de son aile.

Après cet arrêt elle revient, mais alors non

plus frémissante, audacieuse, poussée par une sorte de rage. Mais les yeux plus fermés et plus noirs, les bras libres, tout le corps ondulant avec grâce comme un arbre après la tempête frémit encore, avec un tout léger mouvement pour que vous voyez bien combien elle a été heureuse, pour que vous sachiez aussi que, loin d'être lasse à rester immobile, pour un regard, pour une caresse, elle est prête à surexciter ses sens et grandir son ivresse.

C'est donc, proprement, un charme continu, et, comme je vous le disais à Constantine à propos de la belle Juive, un charme continu et sans fatigue pour le spectateur.

Quelle est la chose qui dans la vie de l'homme a le plus d'attrait ?

L'amour, n'est-ce pas ?

L'amour qui procure la volupté.

Mais que de peines, que de souffrances ne cause-t-il pas, lui qui tient par tant de nœuds à la douleur — selon Musset !

Et que de fois l'on souhaiterait seulement n'en voir que l'image, tant la réalité peut vous causer de douleur ?

En France on court aux pièces amoureuses; on se porte en masse devant les tableaux qui représentent la jeunesse, la beauté, l'Amour ; mais on ne peut en voir l'expression même. Les peuples civilisés, d'au delà de la Méditerranée, défendent d'en reproduire l'image aussi bien que le geste dans la croyance que c'est immoral.

Pascal a dit : Vérité en deçà, erreur au delà. Quoi qu'il en soit, cette danse est un des charmes de l'Orient qui tend à disparaître devant l'envahissement de la civilisation européenne. C'est triste. De l'antiquité disparue que nous reste-t-il de choses vivantes ? Deux morceaux de musique, le « Te Deum » et la « Préface, » et cette danse qui devait être celle des prêtresses d'Astarté, de Vénus, de la déesse de tous ces rivages de la Méditerranée.

Quelle devait être belle alors, et avec quelle poésie et quel sentiment religieux devait-elle être exécutée !

Oui, telle est cette danse, si célèbre et pourtant si travestie. En France on l'a vue déjà quelques fois, dansées surtout par de grosses Juives, mais c'est une affreuse parodie, qui ne prend dans la danse orientale que le côté brutal, pour étonner le gros public. Et il ne faut pas se faire d'illusion, il est peu probable qu'il se fasse qu'un jour, même pour une Exposition universelle, on puisse la voir bien rendue.

Il faut aller dans le pays même, avec le

décor, et les circonstances qui l'amènent et la préparent. Elle est comme certaines plantes, qui ne peuvent voyager, il leur faut leur atmosphère, leur sol et leur soleil.

La danse terminée, les Naélètes, rassasiées de tout ce qu'elles avaient pu désirer, si heureuses qu'elles avaient même distribué des souvenirs. La tête encore sous le vertige, les visiteurs sortirent enfin examiner la ville moderne de Biskra.

Une chose frappe péniblement la vue : ce sont les condamnés militaires, avec leurs longues visières, leurs costumes gris, leurs figures patibulaires, toujours accompagnés d'un sous-officier, révolver au poing.

Ce spectacle sinistre et implacable de la misère morale européenne, fait mal à voir et est un mauvais contraste avec tout ce tableau dont l'ensemble comme les détails vous captive et vous égaye.

En regagnant le café où la marquise attendait le retour des voyageurs, ils se croisèrent justement avec un condamné militaire, mené par un sous-officier armé.

Sa figure indiquait un profond trouble ; ses yeux, injectés de sang par la colère ou l'absinthe, n'avaient rien de rassurant.

Et si, au détour d'une rue, pensa l'un des voyageurs, il cherchait à se mutiner ?

Son compte serait vite réglé !

Comme on se récriait sur cette affirmation de l'Algérien, celui-ci ajouta :

— « Un de mes amis, frère d'un officier en garnison dans le Sud, vint passer quelques jours avec lui. Le soir, en devisant sur leurs amis d'enfance, ils vinrent à parler de leurs anciens camarades, et le nom de l'un d'eux revint à la mémoire du jeune homme qui en demanda des nouvelles à l'officier.

— « Un tel, répondit-il ; eh ! oui, il m'en souvient ; un si joli blond, si amoureux, n'est-ce pas ? et qui avait une mère si aimable, chez qui nous allions jouer et manger des confitures d'orange, n'est-ce pas ? Eh ! bien, il a mal fini, le pauvre ! Il a fait des bêtises, s'étant engagé au régiment de chasseurs, après avoir échoué à Saint-Cyr. Il fit la cour à la maîtresse d'un chef, et de sottises en sottises, il a passé au Conseil. Sa mère était morte ; il se trouvait sans soutien ni protections à Paris ; aussi, l'a-t-on envoyé aux grandes visières. Là, le contact du vice l'a lancé dans l'absinthe, et un jour qu'il était un peu allumé, pour un pari, pour une véritable gaminerie à faire à un supérieur dans un camp, il frappa du pied la figure du sous-officier, lequel étourdi et usant parfaitement de son droit, lui brûla la cervelle! Oh! c'est qu'il ne faut pas jouer avec ces gaillards-là ; ils se battent bien ; mais quels gens au repos !

Quand on se promène dans certains quartiers de Biskra, l'on ne voit que des femmes, des Arabes, et dans d'autres que des étrangers. Certaines rues sont même presque désertes au milieu du jour.

Mais un coin charmant, c'est l'école au moment de la sortie des enfants.

Tous ces bambins arabes parlent tous bien le français ; le Biskri n'est pas rebelle à la civilisation comme l'Arabe du Sahel. Ils sont ravissants d'entrain, de santé et surtout de fraîcheur. A côté des négrillons, on en voit d'autres, frais et roses comme des Français, mais avec je ne sais quel éclat à part dans les yeux et quelle solidité de couleur dans leur carnation qui, à cet âge, font songer aux belles peaux des femmes et des filles du Sud et rappellent la description de celle de l'Amour qu'en a faite Moschus : « Sa peau n'est pas blanche, mais de la couleur de la flamme. » C'est à ce point que l'on croirait les Français auteurs de ce changement de teint, mais vu la séquestration des femmes, des bourgeoises biskriennes, cette supposition est peu probable.

Il est, dans chaque ville, un endroit tout particulier où l'on peut voir et étudier, réunie, une
assez grande quantité de types d'indigènes :
c'est le marché.

Biskra possède un assez beau marché, construction carrée ; on y vend des dattes, des cé-
réales, des laines, des bibelots du Sahara et de
la maroquinerie.

Impossible d'avoir été aux portes du désert
sans y acheter quelque chose ; d'abord des
boîtes, des coufins de dattes, pour expédier à
la famille, puis les éventails en fils de palmier,
des blagues en véritable filaly,(cuir de Cordoue),
des flissas, des sabres de Touaregs, et enfin des
effets, des haïks et des tapis du Souf.

Empilés dans une boutique tous examinaient
et achetaient ce qui faisait envie. Un grand
haïk en laine blanche et en soie bleue, tentait
surtout la marquise.

— Combien ? demandait-elle.

— 70 francs.

— Acheté aussi !

Et bientôt un gros paquet est entassé. Mais
un burnous, un burnous Robert ! Il faut en
acheter un, exclame à la fin Rosita. Le colon
alors bouleversa la boutique et choisit un gros
burnous du Sud, d'une couleur un peu brune,
tout laine, imperméable et fabriqué à Gardaïa.

Avec ça, dit-il, à son cousin, tu peux passer en France pour un fils des grandes tentes ; et mieux que n'importe quel Arabe, aller à Paris tirer l'œil de tout le café américain, t'imposer dans les salons les plus difficiles, et poser les plus beaux lapins des Champs-Elysées à la rue de la Bruyère.

Le burnous est ce que l'Arabe a de plus beau après le cheval.

Le burnous, transforme, métamorphose, idéalise et si je puis dire grandit l'homme.

L'habit ne fait pas le moine, dit-on en France ; mais il le pare considérablement.

Eh bien ! le burnous change l'homme. Tu ne me crois pas ! Jette ce burnous sur tes épaules, mets le capuchon, prends un air sombre, hautain et un peu sauvage ? Fort bien ! te voilà aussi fils du serpent du désert, et certes, grâce aux belles formes de ton corps et à la beauté mâle de ton visage, tu es certainement plus beau, — ne crains rien, je ne veux pas t'emprunter 1000 louis ! — que les Musulmans qui font tourner la tête à toutes les petites filles du boulevard de Strasbourg.

C'est une opinion parfaitement reçue en Europe que les Arabes écrasent les Français par leur beauté.

Et d'abord, ce qui frappe les femmes c'est leur regard.

Certes, ils ont de beaux yeux noirs, des cils longs et fort bien fournis ; mais ce qui, dans leur regard, frappe surtout c'est cette expression brutale et hautaine, c'est de vous dévisager, chose qui, en France, est de fort mauvais ton.

Pour l'ensemble, leur costume les pare admirablement et au milieu de tous nos costumes étriqués et sombres, ce beau costume aux grands plis, d'une si belle ampleur grandit encore ; mais détrompez-vous, l'homme, quant à lui-même, ne vaut pas un beau Français ou un Russe du Nord.

L'Arabe, déparé de son costume, habillé à la française, est d'une atroce tenue ; il ne sait comment porter la tête et mettre les bras, tandis que tout Français, tout Algérien surtout qui a une figure, — je ne dirai pas belle, mais seulement régulière, — costumé en Arabe est superbe.

Je vais, à ce sujet, vous conter une drôle d'histoire :

Il y a quelques années, certains excursionnistes du Club alpin vinrent visiter l'Algérie. Ils seraient de bien grands ingrats s'ils ne reconnaissaient, même longtemps après, l'accueil enthousiaste qu'ils reçurent. A Constantine, on avait préparé même en leur honneur certaine fête ; des internes de l'hôpital, prévoyant quelques soirées fertiles en joyeusetés, envoyèrent un mot à un de leurs amis, colon à l'intérieur, comme moi.

Quand mon ami arriva — c'était le soir — les Alpinistes avaient déjà trinqué et échangé leurs pensées et leurs vues sur l'Algérie. Ils n'avaient pas oublié, non plus, de dire leur fait aux Algériens, en hommes supérieurs qui, de loin et à vue de nez, savent régler les affaires les plus épineuses et juger les hommes les plus fuyants. Pour être véridique, il est bon de dire qu'ils avaient déjà gagné le titre de fumistes !

On était donc en connaissance, et une chose avait surtout frappé un des internes, c'était l'idée très arrêtée que ces Messieurs avaient et conservaient de l'incontestable supériorité des Arabes sur les Français et les Algériens.

L'interne en avait été particulièrement choqué et l'avait dit à son ami, en arrivant. Aussi, s'ingénia-t-il à trouver un moyen qui lui permit de faire disparaître une telle opinion si bien ancrée dans la cervelle de ces alpinistes.

Après le dîner, dans la grande salle d'un grand café de la ville, les quatre internes étaient au milieu d'une foule d'Alpinistes, parlant joyeusement, ou écoutant, par respect, quelque sottise de quelques vieux de la bande — des sénateurs probablement — lorsqu'un grand et superbe Arabe entra.

Toutes les figures se levèrent et suivirent des yeux cet homme, tant sa belle stature, sa figure bronzée, aux longs traits florentins, à la démarche, à la prestance aristocratique, en imposaient! Les internes le prirent par la main et présentèrent notre excellent ami Rasclid, notre condisciple au collège arabe et grand propriétaire aux Ouled ben Nesa. Ce fut un véritable murmure de surprise et de contentement chez tous. Rasclid reçut, avec une véritable bonne grâce royale, cet accueil favorable, comme quelqu'un qui a une très haute idée de soi.

— Monsieur est sans doute caïd, cheik ? demanda un alpiniste.

— Rasclid toisa l'interlocuteur avec toute la hauteur qu'un éléphant pourrait avoir répondant à un bouc, qui lui demanderait s'il n'est pas parent du singe ; puis il répondit en Français le plus pur :

— Monsieur, permettez, je crois que vous faites erreur ; je suis du reste dans le canton d'une commune de plein exercice et la place de cheik correspond à celle de garde-champêtre.

— Vous êtes des grandes tentes ?

— Pardon encore, Monsieur, j'habite une maison absolument européenne.

Et pendant deux heures il fut ainsi le roi du moment ; on n'avait d'yeux que pour lui et chacun était confondu, non seulement de la hauteur de ses vues, de sa belle intelligence, mais aussi, surtout, de ses manières de véritable grand seigneur.

Bientôt, comme il faisait chaud et que l'on avait pas mal bu, car cet animal d'Arabe buvait encore mieux qu'il parlait, et quoique Musulman, violait le Coran avec une suprême désinvolture, — pas fanatique lui, Musulman fin de siècle !

Et, tandis que, sur la place du Palais, d'autres alpinistes entouraient — l'admirant davantage, — notre indigène, un de ses voisins disait à l'interne :

— Avouez, mon cher, question de patriotisme à part, que malgré vos dires, les Arabes sont des sujets étonnants ; quelle merveilleuse intelligence, quel génie d'assimilation, et vous prétendez qu'ils sont rebelles à tout progrès ; ah ! quel exemple avez-vous eu ce soir !

Votre ami l'Arabe est incontestablement supérieur à tout ce que je puis imaginer comme beauté physique et étendue de l'intelligence, à bon nombre d'hommes distingués en France.

On avait très bien bu, beaucoup avaient comme des idées de roman leur trottant dans la tête. Les internes firent bande à part avec quelques alpinistes, et l'on descendit voir les cafés-chantants d'abord, pour descendre encore plus bas.

Pendant encore longtemps, ce diable de Ras-clid, qui semblait avoir juré d'étourdir ses compagnons et de les étonner par son savoir, acquit dans l'estime des voyageurs une place absolument étrange. Si bien qu'aux environs de minuit, un interne demandant à l'Arabe s'ils n'iraient pas à la sous-préfecture.

Celui-ci jura, en italien, par la Sancta Mado-na, qu'il fallait finir là une si délicieuse soirée commencée dans la compagnie d'hommes si éminents et si spirituels.

Comment quitter un si charmant compa-gnon ?

Et de même que Véron et Houssaye, s'in-quiétaient de la tenue qu'Alfred de Musset avait, dans ses moments de complet abandon, avec les femmes de la Chaussée-d'Antin, de même ces excellents messieurs, bravant leur conscience, le suivirent sur le chemin du vice.

Dès leur entrée, soupçonnant aussitôt des clients de marque, la patronne les fit entrer

dans le grand salon, où toutes ces dames ne tar-
dèrent pas à paraître.

Après avoir salué respectueusement les étrangers et donné un bonjour amical aux internes,
vieilles connaissances, elles manifestèrent une
certaine gêne en voyant un Arabe, qui regardait
une gravure, le nez en l'air et le dos tourné ;
car ces filles du plaisir ne veulent généralement
pas, — surtout dans les sous-préfectures de
première classe, — entretenir un commerce
amoureux avec les Arabes.

Ainsi, en Algérie, les hétaïres elles-mêmes
sont sans enthousiasme pour les fils du désert!

Après l'avoir examiné à la dérobée, une jolie
petite blonde, — habillée comme la Tallien aux
beaux jours de Thermidor, — laissant voir tous
ses charmes, sa peau blanche comme le lait et
les poils de ses aisselles, pareils aux fils d'or,
s'approcha tout près, et, lui sautant au cou,
éclata de rire, en criant :

— Oh ! elle est bonne !

Et toutes de répéter en chœur ce cri de
joyeuse surprise :

— Eh ! Alfred ! Alfred !

Ce fut un coup de théâtre. Les Alpinistes re-
gardaient stupéfaits l'Arabe.

Raschid s'approcha d'eux et leur dit :

— Excusez ma fumisterie. Je ne suis pas

plus Arabe que je n'ai envie de l'être ; mais comme à maintes reprises, vous aviez assuré que les Algériens ne valaient pas les indigènes sous bien des rapports, je me suis permis de vous donner cette petite comédie.

Les Alpinistes sourirent de bonne grâce, mais ils ne purent dissimuler leur ennui de se trouver dans un tel lieu. Toutefois, on ne leur laissa pas le temps de combiner leur retraite ; Alfred appela la sous-préfète, qui donna ses ordres ; puis aussitôt la petite fête commença, pour se prolonger fort avant dans la nuit.

A l'issue de la petite fête nocturne, Alfred, voulant absolument détruire chez les Alpinistes l'idée préconçue qu'ils avaient de la supériorité, en toutes choses, des indigènes sur les Algériens, leur dit :

— Comme structure, l'Arabe bien fait a plus de finesse, de légèreté que le Français : le crâne est plus développé, et les traits de la figure plus accentués. Ce qui ne veut pas dire que les Arabes sont plus beaux que les Européens, car il en est beaucoup de fort laids, et leur laideur est le plus souvent affreuse. Toute leur réputation, ils ne la doivent qu'au burnous.

— Mais pourquoi, vous Algériens, lui fit remarquer assez judicieusement l'un des Alpinistes, puisque vous reconnaissez à ce burnous tant de qualités, pourquoi ne l'avez-vous pas adopté?

— Pour ne ressembler ni aux Maltais, ni aux Arabes; nous avons pris pour l'intimité la gandoura, et ça paraît suffisant; je souhaite pourtant qu'on puisse s'habiller à l'arabe. C'est assez agréable quand il fait chaud; mais ce n'est pas toujours commode; car on est tant soit peu empêtré dans ce costume, surtout quand vos occupations vous forcent quelquefois à mettre la main à la pâte. En un mot, c'est un costume essentiellement décoratif.

— Alors, mon cher colon, — interrompit Rosita, — quand vous viendrez à Paris, à l'époque du carnaval, n'oubliez pas de venir en Raschild; vous serez le roi des bals.

— Alors, j'aurai toutes les jolies femmes, n'est-ce pas? Mais tout ça nous fait oublier que l'heure approche de quitter Biskra et la voiture nous attend.

Adieu, Biskra! pays du soleil et de la lumière, où tout paraît plus vivant, plus fort que nulle part ailleurs; pays des rêves, situé au commencement de ce désert, cet océan solide, où rien ne vit! Adieu donc, pays de poésie, des étranges souvenirs et des contrastes!

— Qu'est-ce qui vous a le plus empoignés? demanda la jeune femme.

— Pas d'erreur! répondit aussitôt l'un d'eux, ce sont les danseuses!

— Mais racontez-moi donc un peu...

— Marquise! vous êtes femme. Prenez donc garde à la curiosité! Elle a perdu autant de femmes que l'oisiveté a perdu d'hommes :

> Otium et reges prius et beatas
> Perdidit urbes.

— Vraiment, vous ne voulez pas me donner de détails?

— Impossible pour le moment, mais à Paris, pour votre bal masqué de Pâques fleuries, je vous apporterai le modèle de leur costume.

— Alors, je le mettrai.

— Vrai?

— Ma parole!

— Je parie cinquante louis que vous ne le feriez pas, même devant moi seul.

— Je tiens le pari!

— C'est égal, fit bientôt l'ingénieur, j'emporte de Biskra un souvenir impérissable et je me félicite d'avoir entrepris ce voyage, pénible certes, mais si fécond en curiosités et en beautés de toutes sortes!

— Ah! voyager, riposta le colon, voilà une des choses les meilleures pour l'homme. Un dicton arabe dit, je crois : « La vache paît sur place, mais le lion voyage »,

Le souvenir de quelques heures passées avec esprit et gaieté dans des sites éloignés, où le commun des mortels ne va pas, reste toujours vivace.

Ah ! voyager ! Jean-Jacques pour en goûter tout le charme, demandait à voyager à pied. Aujourd'hui la chose est impossible ; mais combien parmi ceux à qui la fortune donne des loisirs de visiter tous les pays et leurs curiosités sont capables de comprendre toutes les jouissances des voyages ? Combien parmi les soi-disant lettrés savent en retirer un renseignement quelconque et peuvent en comprendre tous les agréments ?

Combien, enfin, parmi les prétendus touristes, pour lesquels les voyages font partie d'un programme convenu, n'y-a-t-il pas de fumistes, de crétins aveugles et de sots riches, dont le seul but est de collectionner des photographies et des notes d'hôtel ?

Si les voyages forment l'esprit et le cœur, ils ont aussi leurs difficultés à côté de leurs agréments, car pour voyager fructueusement, intelligemment, il faut être instruit et riche.

Il est aussi des gens doués d'une fortune et d'une instruction assez grande pour pouvoir voyager intelligemment, mais qui ne savent pas voyager et qui, je ne dirai pas à propos de

botanique ou de minéralogie, mais à propos
des plus simples monuments et des lieux les
moins bizarres, ne comprendront rien, ne ver-
ront même rien.

Le départ avait été fixé de manière à arriver
au col d'Sfa au coucher du soleil pour bien profiter, à cette heure, du coup d'œil magnifique.

Ce fut à souhait.

Le désert, éclairé par les rayons du couchant,
apparut dans toute son étrange beauté, et Ptolémée, il y a 1800 ans, avait bien raison de dire
qu'il ressemble par ses oasis, formant une mul-
titude de taches sombres, à une peau de panthère.

Pareille à une peau immense de panthère,
d'un fond non pas gris mais fauve, le Sahara
se montre dans toute son immensité, avec des
oasis disséminées comme des taches noires,
dont la plus rapprochée et la plus grosse formant la tête de cette peau géante, serait Biskra.

Rien n'est moins rare et rien n'est plus enchanteur qu'un beau coucher de soleil au
Sahara ; soit que des masses de gros nuages,
nombreux pendant les mois d'hiver, soit que,
l'été, des échappées, des flocons, seulement,
viennent entourer à sa descente, le roi brillant
du jour. Au milieu des grandes masses, les
rayons pénètrent en les éclairant différemment,

offrant des avalanches d'or de toutes ses nuances qui s'écroulent, des fournaises géantes, des montagnes féériques, des mondes de formes étranges, de choses indéfinissables, où la lumière déploie toute sa magie.

On dirait que là, dans ce désert, où l'homme n'a rien, ni horizons coloriés et variés, ni tableaux frais et nombreux de la nature des autres climats, le soleil et le ciel, de concert, veuillent lui donner, en compensation du triste spectacle que lui offre cette immensité nue et désolante, toutes les merveilles combinées de la couleur, avec le monde fantastique des nuages.

Autour du col, ce ne sont que des rochers blanchâtres aux formes prismatiques ; sur toute la ligne des hauteurs la crête blanche s'aperçoit au loin comme un immense quai rongé et défait par le temps, qui aurait servi jadis à la mer emplissant autrefois l'immensité qui s'étend tout le long au bas de cette côte et en face bien au de-là de l'horizon.

A l'Ouest, cette chaîne s'efface peu à peu et finit par se confondre avec l'ensemble des terrains. A l'Est, à une certaine distance du col, l'œil voit un massif de montagne comme écroulé de la chaîne brune, couleur d'hématite d'El-Kantara. L'ombre du soir les fait paraître bleues avec diverses nuances allant du noir à l'indigo et au milieu de ces masses sombres, des blocs gigantesques de rochers frappés directement par les rayons du soleil, ressortent avec leur couleur propre, éclatent, vibrent d'un jaune d'ocre pailleté de points blancs lumineux.

Plus au Sud de ce massif, et plus rapproché, L'Amar-Kaddou apparaît et étourdit l'imagination. C'est un piton conique qui s'élève solitaire à près de mille mètres vers le ciel et dont les flancs, sous les rayons du soleil couchant les éclairant en plein, prennent des couleurs d'un rouge vif.

Il paraît alors comme un immense tison, un brasier qui va se consumer, une montagne merveilleuse de minerai mis en fusion. Les Arabes l'appellent la joue rouge. L'aspect de cette masse aux tons pourprés, s'élevant si haut sur l'azur foncé du ciel est étrangement beau.

Lentement, le soleil s'abaissait, en changeant de couleur ; en s'avançant dans son déclin il n'a plus l'éclat éblouissant de l'or ; il devient rougeâtre. Le ciel au méridien est absolument pur, mais d'un bleu plus pâle qu'il ne l'est à l'Orient et au Nord ; cette douceur, à mesure qu'il s'approche des environs de l'horizon où le soleil s'incline, graduellement s'adoucit.

Il devient d'un bleu cendré, d'une finesse exquise, d'une douceur d'opale avec le brillant et le chatoiement de la soie. Les nuages bien rares survenus insensiblement se détachent sur ce fond comme des fleurs fantastiques d'étoffes de satin de Chine, à chaque instant variant de nuances, passant par les gammes les plus merveilleuses des couleurs inconnues et inouïes comme seule, la lumière du désert. dans cette atmosphère surchauffée et diaphane, peut en produire pour l'enchantement des yeux et de l'imagination.

A mesure que le soleil baisse, les nuages se rapprochent de la terre ; pendant qu'il éclaire s'écartant encore. L'atmosphère chauffée par les rayons brûlants du soleil et la reverbération de la terre, avec tous ses atomes en mouvement, se dilate, s'émeut, grossit tous les objets et le soleil alors, près de toucher à la ligne de l'horizon, paraît avoir augmenté sa grandeur.

En roi; il disparaît lançant de son front sur toute cette immensité plate et jaunâtre ses longs et derniers rayons qui forment des nappes de lumière, à coté des ombres formées par les inégalités des terrains. A l'Orient, au fond du désert, aussitôt son départ, les vapeurs d'eau se condensent: un brouillard se forme et on voit venir se déroulant sur la terre, pareil à la brume qui s'étend sur les Océans, un nuage immense : c'est le voile de la nuit apportant après tant de lumière et de chaleur du jour, pour la nature et l'homme, de la fraîcheur, de l'ombre pour le sommeil, le repos, les plaisirs discrets de l'amour.

Après 2,000 ans l'aspect est le même, mais peut-être que dans l'avenir de grands changements auront lieu.

Quand Ptolémée regardait de cet endroit le désert, il ne pouvait pas voir au bas de ces montagnes, les travaux du chemin de fer, qui sans doute changera ces pays avec les puits artésiens.

Un dernier coup d'œil fut donné aux oasis, à l'immense plaine du Sahara, et par la pente septentrionale du col de Sfa la voiture descendit sur El-Outaya.

L'entrée du Bordj est pittoresque avec ses spahis rouges, assis près de la porte, fumant tranquillement autour de tasses de café et attendant la nuit et le couscouss, tout en contemplant le ciel bleu qui disparaissait sous de grands nuages gris, pareils à de gigantesques voiles de navire, comme étendues au-dessus de ce sol sans pluie et d'où tombe une rosée bienfaisante sur ce brin d'herbe sacré qui nous donne le pain.

Sans dételer, on fait reposer les chevaux pendant que l'excellent hôtelier prépare un casse-croûte. Pour se remettre un peu les jambes, chacun marche et l'on va visiter l'écurie du détachement des spahis.

Le sous-officier qui le commandait en fait les honneurs aux voyageurs qui admirent surtout ces beaux chevaux du désert si bien décrits par le général Daumas. Ils sont hauts, longs et nerveux, et ont l'œil de feu, la tête fine et l'air intelligent. Ce sont des amis pour leurs cavaliers dont ils comprennent les dangers, les fatigues et les plaisirs. Dès qu'ils se sentent l'objet d'un examen ou d'une attention quelconque, ils regardent, jouent de la tête, semblent saluer et inviter à les prendre.

— Voyez, dit bientôt le sous-officier, on dirait qu'ils nous disent : Allons-nous ? Ah ! les braves bêtes ! Elles sont fines, solides et bonnes ; mais bonnes comme du pain !

Et en faisant leur éloge, il les caressait.

Le cheval secouait alors la tête, abaissait les oreilles, comme s'il voulait, lui aussi, rendre les caresses à sa manière.

En passant près d'un grand qui piaffait fortement, tout en quêtant de loin les regards et se montrant impatient de l'arrivée près de lui des visiteurs, le spahi, lui frappant sur le poitrail et le regardant du coin de l'œil, avec méfiance, l'apostropha en ces termes :

— Oh, polisson ! ne me mords pas cette fois-ci, car si tu recommences, tu auras vingt jours de punition. Oui, croiriez-vous qu'il s'est permis un jour d'envoyer, mais en plaisantant, un coup de dent sur l'épaule de son cavalier qui le frottait mal. Le biquot, furieux, se sauve et veut empoigner un triquot pour administrer une volée à l'enragé.

Que fait mon polisson de cheval ? Sentant venir la régalade, il dénoue brusquement sa longe d'un coup de dent et se sauve au triple galop à travers l'oasis. Nous étions bien cinquante spahis, tous les indigènes de l'oasis à courir après lui; mais impossible de l'empoigner; on aurait dit qu'il s'amusait, et le fait est que nous avons passé un bon moment. On jurait d'abord, on riait à la fin. Il tournait autour du bordj; passait ventre à terre devant la porte et courait à travers les jardins. Les enfants et les femmes s'en mêlèrent, de la plus belle humeur. Comme c'était le soir, je l'abandonnais à son sort. Il s'est alors mis à prendre du large et à gagner à 15 kilomètres d'ici, un douar, où il avait été, et s'est fait servir une vraie diffa. Le lendemain, tout bon enfant, il se laissait conduire à la fontaine, puis, patatras, flanque le biquot dans une mare et revient comme un brave ici, et se place dans sa stalle. Seulement,

quand son cavalier est venu pour le prendre,
il l'a regardé d'une si drôle de manière, que ce
dernier a jugé prudent de ne pas lui administrer
sa volée de la veille. J'allais moi-même l'attacher
et j'ai collé huit jours au Bédouin, aux applaudissements de tous ses camarades. Comme disent
les troupiers d'Afrique, ces intelligents animaux
la connaissent dans les coins ; et ce n'est pas la
seule histoire surprenante que je pourrais vous
narrer à propos des chevaux du régiment. »

Le cheval avait fait son entrée dans la conversation, et comme tous les voyageurs, et
même la marquise aimaient et connaissaient le
cheval, chacun dit son mot, émet son jugement.

— En 1887, dit le colon, je tins absolument à
voir la revue de Longchamps ; c'était au beau
moment du ministère de Boulanger. Quelques-uns de mes amis avaient été officiers d'or-
donnance du général à Tunis, et ma foi, avant
le boulangisme, j'étais boulangiste, par sympathie pour l'homme. Je me trouvais donc à cette
superbe revue, où l'on put voir et applaudir les
troupes qui venaient de conquérir le Tonkin ;
entr'autres, les marins et les Turcos. Eh bien,
savez-vous ce qui m'a le plus ravi dans ce grandiose défilé d'armes de toutes sortes ? Ce sont
ces coquins de spahis, qui précédaient le général. Tous admirablement montés. Leurs chevaux

étaient superbes de forme, d'élégance et de force.
Ils ne galopaient pas, non, ils trottaient ; mais
avec quel aplomb et quel développement ! Ils
tenaient la tête haute, et le col arrondi comme
celui du cygne. Leur croupe ondulait comme
celle des Mauresques ou des Espagnoles allant
à la conquête d'une aventure sur la Rambla. Il y
avait pourtant auprès, le peloton des attachés
d'ambassade de toute l'Europe.

J'admire les chevaux français, surtout ceux
de l'artillerie. Quelle force et quel courage ne
sent-on pas dans ces belles bêtes? Mais cependant les chevaux des spahis sont, à mon
avis, hors de pair. Par leur vitesse, ils montrent une force et un fond incontestables. Leur
allure me séduit en un mot. Je ne puis résister
au plaisir de vous raconter une histoire authen-
tique, avec noms propres à l'appui, pour vous
prouver la supériorité de cet excellent cheval.

M. H. de F., habitant dans les environs de
Jemmapes, la belle propriété du B.-K., avait un
petit cheval gris, appelé Cinquante-deux, à
cause du prix qu'il avait coûté à mon père qui
le lui avait cédé, ne voulant pas garder un vilain criquet aussi capricieux. Très souvent,
M. de F. allait, après une promenade dans ses
magnifiques forêts de chêne-liège, prendre
l'absinthe chez un de ses voisins, M. de L. Un

soir, en revenant par une route étroite et en pleine forêt, il aperçoit au devant de lui, une ombre barrant la route.

— Ah ! pensait-il, désagréablement surpris, encore ces rosses de Kabyles qui ont laissé une grande écorce en plein sur la route, mon Cinquante-deux va me faire des difficultés et des manières pour approcher.

Tout en réfléchissant à ceci, il regarde encore et son impatience se change subitement en grand étonnement.

L'écorce remuait et se tournait vers la voiture ; il la vit bailler, ou plutôt, il vit un superbe lion, lui montrant dans un baillement une admirable gueule. Ceci, ai-je besoin de vous le dire, se passait vers 1863 ; à cette époque, les lions pullulaient comme aujourd'hui les hyènes ou les sangliers. M. de F. était un excellent chasseur, capable de couper les cercles d'un tonneau à chaque coup de fusil. Vite, il lâche sa voiture, l'abandonne à son sort, ainsi que Cinquante-deux, et gagne un chêne-liège, où il s'établit tant bien que mal, tandis que le lion formidable s'avançait de son côté, d'un pas lent. Quand il fut arrivé presque au pied de l'arbre, M. H. de F. prit son temps, visa avec le plus grand sang-froid et lâcha son coup. Un rugissement épouvantable lui répondit aussitôt ; mais le fauve ne

tomba pas foudroyé. Le chasseur, perdant
alors tout son sang-froid, tira un peu au hasard
son second coup. Le lion s'éloigna, en poussant
des rugissements affreux et M. de F. resta sur
sa branche, très effrayé, comme bien on pense,
et avec la perspective de passer la nuit dans cet
endroit ; car tenter de regagner l'habitation à
pied après cette rencontre, eût peut-être été une
entreprise fort périlleuse. Il se mit donc à songer à tout l'ennui de sa position, ainsi qu'à l'inquiétude de sa famille, ne le voyant pas revenir. Tout à coup, il entend comme un bruit de
voiture, et que voit-il? Cinquante-deux qui
s'était enfui, à l'approche du lion, mais qui revenait avec la voiture. »

XI

Après cet arrêt, l'estomac apaisé, les chevaux
reposés, les voyageurs repartent. La nuit était
venue, le ciel assombrissait son azur pailleté
d'étoiles ; tous les voyageurs étaient obligés de
se couvrir, de prendre un pardessus, pour se garantir de l'irroration abondante. La lune se le-
vait et éclairait de sa lumière douce, avec son
grand disque d'argent, le désert.

Sur cette route silencieuse, au sortir de la petite oasis d'El Outaya, tout à coup, à un coude,
une voiture parut et, dans une jardinière, dont
les roues vacillaient et chantaient atrocement
avec les rais usés et branlant dans les jantes,
menée grand train par un fort beau cheval, une
jeune femme blonde, avec une charmante figure,
toute rosée par la santé et l'air vif, une taille riche
et bien prise, était sur la banquette de devant ;
et, près d'elle, un grand diable, coiffé d'un large
feutre gris, conduisait, la cigarette à la bouche, en souriant des yeux, insolent dans sa
bonne fortune de se trouver auprès d'une si
jolie créature. Derrière, un monsieur très cor-
rect se tenait.

Ce sans-gêne, cet air farce du conducteur,
mit la marquise en fureur.

— Quelle figure de bandit ! dit-elle. Vrai, mon
cher colon, de vos colons vous n'avez pas à être
fier ! On a raison en France d'avoir peu d'estime
pour ces personnages. Vous souriez ? je devine
pourquoi. Mais j'aime beaucoup les ouvriers ;
les mineurs, je les admire aussi et ils me font
pitié : ce sont de braves travailleurs ; tandis que
des colons de cet acabit-là, me paraissent de fameux tireurs de plans. Ça a-t-il une figure de
bûcheur, dites, ce grand insolent avec son air
gouailleur dans sa jardinière détraquée à faire

peur, et qu'il ne doit même pas avoir le courage
de remiser?

Encore un échappé de prison, allez! ou un
mauvais garnement embêtant ses voisins et à
qui son maire a fini par faire obtenir du Gouvernement une concession. Il doit la louer par
force aux Arabes; et comme vous, les éreinter
avec autant de fiel, tout en trinquant à l'absinthe, en loupant, le fusil sur l'épaule, à la
chasse.

— Ah! mais marquise, si je n'étais pas votre
voisin tout imprégné de votre suave parfum
délicatement enivrant, en vous entendant dé-
blatérer ainsi, je jurerais que vous puez le ré-
quisitoire. Et d'abord, à Biskra, il n'y a pas de
colons; ce n'en est donc pas un qui vient de vous
offusquer. Mais, n'importe. Vous venez d'attaquer, d'émettre les idées reçues dans presque
toute la France au sujet des Algériens, des colons en particulier; vous jugerez bon que j'ex-
pose leur défense, qui est aussi la mienne.

J'espère que si vous n'êtes pas convaincue
à la fin, vous serez ébranlée dans vos convictions, prises dans *Tartarin*, un charmant livre,
très méchant pour les Algériens. Votre ami
Maupassant, dans son livre: *Au Soleil!* vous a
encore confirmée dans vos erreurs. — « Qui

n'entend qu'une cloche n'entend qu'un son. » —
A mon tour de parler et de nous défendre.

Voilà trente ans que l'on répète en France les
mêmes rengaines : l'Algérie est une ruine, elle
a dévoré des millions, absorbé des flots de sang
et le pays est aujourd'hui habité par une sorte
de race bâtarde de France, une sorte de Français métisés, mais métisés de crapules : Des
échappés de correctionnelle, des déportés politiques, des têtes brûlées, des adultères, des
fuyards enfin, du sol de la Patrie. Toute une po-
pulation d'êtres malfaisants et ignobles pullulent dans Paris ; qualifie-t-on les parisiens de
leur qualité et de leurs métiers ?

Daudet nous a peints coiffés de grands feutres
gris, discutant politique autour des verres
d'absinthe ; Maupassant nous traite de bandits,
Charles Ferry du haut de la Tribune réédite le
portrait fait par Daudet et ajoute l'épithète de
mercantis. Mais cela prouve-t-il grand chose?
Ces accusateurs connaissent-ils bien ces gens
qu'ils stigmatisaient, les livrant au mépris de
la France ? Avaient-ils entrevu leur vie, deviné
leurs angoisses, étudié leurs travaux, avaient-ils
cherché des amis capables de les instruire,
s'étaient-ils donné la peine de chercher des
modèles, ces maîtres du bien dire, mais du bien
dire trompeur?

Ils ont peint, en artistes : pour ne pas déranger la mise en valeur de leurs tableaux, ils ont fait fausse route. Ils avaient mis l'Arabe en lumière ; ils ont mis le colon dans l'ombre.

Ah ! s'ils les avaient connus comme moi je les connais , leur opinion eut été changée, leur œuvre y aurait gagné ; ils auraient pu peindre avec autant de talent, mais en bons citoyens, en patriotes.

Il y a dans l'Algérie une certaine collection de gueux, mais à côté d'eux, il y a d'autres hommes dignes d'estime qui méritent d'être connus.

Lorsqu'en France, au milieu de nos amis ou dans un salon, nous disons notre vie et nos réclamations, généralement la surprise ou l'antipathie se montrent.

Vous vous plaignez de la France, nous dit-on, mais pourquoi ? La France n'a pas conquis l'Algérie pour faire la fortune des planteurs, des colons et des mercantis. — Pour qui alors ? — Pour les Français. — Et nous, pour qui nous prenez-vous ? — Je veux dire pour tous les Français. — De toute la France alors ? De ceux qui ne sortent jamais de chez eux et pour qui nous, ainsi, de véritables fermiers, des *convicts*, devons travailler.

Ah! vraiment, la méprise est fort belle! Vous

voulez n'est-ce pas que tous les Français béné-
ficient de l'Algérie ?— Oui certes.— Ainsi, vous,
mon cher, qui n'êtes jamais allé là-bas risquer
votre vie et votre argent, grâce aux impôts dont
la France veut dès maintenant nous grever et
qui nous attristent, vous voulez en bénéficier !
Votre injustice est flagrante.

Allons ! établissons bien la question. Oui, la
France a conquis l'Algérie, mais pour qui ?

Non pour vous, peureux ou heureux sur le sol
de la Patrie, mais pour ceux de ses enfants qui
auront le courage ou le besoin d'aller sur cette
terre barbare, inculte, donner du travail et trouver la fortune.

Et ceci est la moindre de nos plaintes.

Nous comprenons parfaitement que la Mère-
Patrie ayant tant dépensé pour gagner ce pays,
cherche promptement à rentrer dans l'intérêt de
ses dépenses ; nous le comprenons fort bien,
dis-je, et nous voudrions seulement une plus
longue échéance. Mais ce dont nous nous plaignons amèrement, et ceci est au point de vue
patriotique français, c'est de voir l'étranger,
grâce à la France, bénéficier de l'Algérie à
notre détriment et aussi au sien.

A mon tour je vous dis : pour qui la France
a-t-elle conquis ce pays ? Pour ses enfants,
n'est-ce pas, et non pour en faire bénéficier ces

ramassis, ces évadés, ces fuyards, ces affamés des Calabres, des Apennins, des Sierras, de Malte, des Arabes, et du ban et de l'arrière-ban des Juifs de l'Orient.

Aucun peuple ne se sentait l'audace et n'avait eu la force de prendre cette vieille terre romaine, latine. La France enfin s'en est emparée. Comme une superbe proie elle l'a terrassée après un temps bien long de luttes héroïques ; et abattue, rendue, elle devait comme le lion se la partager. Mais usant d'un abandon coupable, oui, coupable quand l'avenir est incertain et le passé infaillible avec ses exemples si nombreux, elle l'a abandonnée. Aussitôt, comme des chacals, les vautours, les hyènes, trop lâches ou trop faibles pour oser l'attaquer, tous les peuples de la Méditerranée se sont jetés dessus. Les lionceaux, aujourd'hui sentent ces voraces devenus si puissants qu'ils sont obligés de montrer les dents pour garder leur part. Ils en appellent, hélas ! jusqu'à présent sans espoir, au lion, pour les protéger et garder pour eux cette belle conquête qui doit assurer leur existence et grandir leur force.

Ce dont nous nous plaignons surtout, c'est de l'indifférence, de l'ignorance où nous tiennent en France, le peuple, et principalement ce que le *Figaro* appelle son grand public. Chez le

peuple, la cause en est l'*ignorance* ; car chez lui
les sentiments nobles et généreux pour tout ce
qui est du travail et du courage existent et se
montrent spontanément ; chez les autres, l'indifférence provient de l'antipathie de l'esprit
bourgeois, profondément égoïste ; jaloux dans
sa fortune, envieux des qualités qu'il n'a pas,
dans son apathie, son septicisme, son manque
de tout sentiment généreux pour les indivi-
dualités ambitieuses, dont le cœur s'émeut et la
volonté est puissante. Voilà notre peine et notre malheur, nous sommes pour les Français
des inconnus et c'est à eux à qui nous voudrions en appeler. Les ramoneurs, les petits
Savoyards, ont eu Giraud pour émouvoir la
France sur leur physionomie peu intéressante,
que n'avons-nous pour nous un livre de Zola!
La France entière, l'ouvrier comme le politique
et l'artiste, pourraient connaître alors vraiment
l'Algérien en appréciant ses travaux, ses espérances, ses qualités comme ses bizarreries et
ses besoins, le Français prendrait de la sympathie pour ses frères de l'autre côté de la Méditerranée.

Lorsqu'en 1840, un voyageur venait sur cette
terre pour qui devait être ses sympathies ? Pour
les indigènes dont les frères ou les coreligionnaires montraient encore sur les montagnes

voisines des villes ou des camps, les feux de leurs bivouacs ou de leurs incendies, ou pour les soldats français essuyant les coups de fusils de ces Arabes. pour gagner ce pays à la Patrie, à la civilisation ?

Aujourd'hui, la situation est presque la même. Ce n'est plus à coups de fusils que la race française conquiert l'Afrique, c'est à coup de pioche, non plus avec des canons, mais avec des charrues. Eh bien ! pour qui la France doit-elle être intéressée et prévenante?

Brigands, planteurs, gens tarés, fainéants, mangeurs d'Arabes, buveurs d'absinthe, voilà comme nous sommes dépeints et connus.

Elle tient encore bien cette opinion que pour venir en Afrique il faut avoir à cacher un vice ou un cadavre.

Il n'y a pas si longtemps, un misérable n'a-t-il pas eu l'audace et l'ignominie du haut de la tribune de la Chambre, à la face du pays, devant l'Europe jalouse, de nous traiter de mercantis et de buveurs d'absinthe et ainsi de nous renier devant la Patrie, de nous cracher à la figure comme à des fils indignes, le misérable !

Le mal a pénétré beaucoup d'esprits pourtant impartiaux et quand vous leur exposez sans fiel, très raisonnablement, vos ennuis et vos craintes, ils vous disent avec un ton rempli de réticences assez malignes : Mais pourquoi avez-vous quitté la France ?

Le jeune homme qui lâche son grimoire pour s'engager avant l'âge, et, au chant du départ gagner l'armée et chercher l'ennemi, le peintre qui, poussé par son génie, laisse l'heureuse bureaucratie pour venir à Paris, étudier son art et jusqu'à près de trente ans encourir les rigueurs de sa famille, la dèche, et les difficultés d'un débutant; tout individu enfin, qui s'échappe de la masse compacte, sentant ses forces se révolter dans leur manque d'exercice, son cœur soupirer et son ambition s'émouvoir pour une autre vie plus personnelle, plus active, avec un idéal plus élevé, tous ces forts, tous ces courageux, en face de la Mort et de la Fortune comme les colons, les premiers qui sont arrivés en Algérie, ne sont point appréciés de ces gens-là.

Pourquoi avez-vous quitté la France ? — Eh! parce que, doués d'un esprit d'aventure, notre esprit s'est plu souvent à méditer en dehors des données communes, parce que notre cœur a vibré d'émotion à un grand projet de notre imagination, parce que notre courage nous a poussés à partir du sol de la France, pour développer sur d'autres continents sa fortune, son autorité et sa gloire ; parce que le péril ne nous fait pas peur : il nous fascine, parce que nous

sommes des enthousiastes et que nous ne vous
ressemblons pas !

Après les insultes et les méchants portraits
qu'une masse de gens, d'artistes même, ont fait
de nous on ne saurait trop répéter et prouver
que la France n'a pas à être honteuse de nous.

C'est une absurdité que de nous traiter d'i-
vrognes, car le climat se charge de nous net-
toyer ces malheureux ; c'est une perfidie que de
nous montrer sérieusement des arabophobes.

Je veux bien que, par hyperbole, nous les
exterminions souvent ; mais ceci est comme un
tic. Nous ne souhaitons nullement leur anéan-
tissement pur et simple. Nos récriminations
n'augmentent qu'en raison de nos difficultés de
voisinage, de l'apathie forcée du gouvernement,
assujetti à la fausse opinion d'une certaine
bande de politiques dits économistes et réunis
à Paris sous le beau titre de membres de la
Société protectrice des Indigènes. Forcés de leur
obéir, nos gouverneurs ne peuvent nous assurer la sécurité de nos vies et de nos biens. Ce
qui nous préoccupe, ce qui nous emballe, c'est
de voir la France arrêtée par la phraséologie et
ne pas oser, comme toutes les nations, protéger ses nationaux.

Un de mes amis, lieutenant, revenant du Tonkin, put s'arrêter et visiter l'Inde anglaise. A

son retour, nous en causions souvent ensemble ; il me disait : La honte me prend quand je compare l'Angleterre et son œuvre immense avec la France. Entre le système colonial anglais mêlé de perfidie et d'une atroce inhumanité et le nôtre, il y a un abîme, une différence bien grande en faveur de notre action sur la civilisation, mais, si l'on calcule le résultat, n'est-on pas effrayé de voir que les Français, dans toutes leurs colonies, ont joué le rôle du peuple qui tire les marrons du feu.

Je sais : on conquiert un peuple par la force, on se l'assimile par la douceur. Oui ; mais ceci dépend de quel peuple. L'Alsace aujourd'hui, même aujourd'hui, si française, n'a pas toujours fait partie du domaine royal. Avec quelle adresse, je dirai même quelle galanterie, les Français sont-ils venus sur le Rhin, poser le vieux drapeau aux fleurs de lys ! Ce fut par des fêtes et presque au milieu des vivats et des fleurs que l'armée de Louis XIV entra dans Strasbourg. Peut-on comparer les indigènes d'Afrique avec les Alsaciens ; et n'y a-t-il pas une différence, dans l'aménité des relations à avoir vis-à-vis d'un égal, d'un galant homme et d'un autre ? Enfin, les Arabes se sont-ils montrés dignes de l'empressement des Français, pour leur appliquer le droit commun qui, d'a-

près Bezy, dans une sortie fameuse, faite au
conseil supérieur, ressemble à des meringues
offertes à des cochons.

Quand Albert Grévy nous est arrivé comme
gouverneur, dans sa tournée dans toute l'Algérie, que lui demandait-on? La sécurité, et
avant tout la sécurité. Après dix ans, nous
sommes forcés de reconnaître que le bandi-
tisme indigène va croissant, en raison de son
impunité. Cela est-il difficile à comprendre?
Supposons un coin de Paris, de la Madeleine
au Louvre, entre la Seine et les boulevards, mis
à part. Tout le reste de Paris est habité par
d'autres gens. Donc, dans ce coin de Paris, on
vole, on assomme, et dans le reste de la ville
impossible à la police, à la justice de pénétrer.
Voilà notre situation à nous, Algériens, colons.
Dans ma commune, nous sommes, tant au village que dans les environs, 80 électeurs, et il y
a autour de nous, dans des montagnes inacces-
sibles et où il est difficile de pénétrer, 7,000 indigènes.

Un nouveau propriétaire qui avait acheté une
terre un peu éloignée de chez moi, était souvent
la victime de la rapine de ses voisins. A chaque
instant il allait prévenir la gendarmerie. Une
fois, j'offrais un raffraichissement, à leur retour
de chez lui, à mes bons gendarmes, éreintés,

brûlés par un soleil de juillet et revenant parfaitement bredouilles. Parbleu ! me disaient-ils pourquoi ne nous fait-il pas venir, ce nouveau débarqué, aussi pour ses poules dévorées par les chacals ; les Arabes et eux, quif-quif.

Afin de prendre les Arabes, il faut que la France ait surtout une justice, qui gagne la confiance et l'estime du peuple. Mais il faut que cette justice soit armée et honnête, parfaitement française et capable de donner à tous, le droit, et surtout à nous Français, la sécurité. Depuis sept ans, les Arabes volent, incendient, assassinent avec une recrudescence effrayante, une suprême désinvolture. Notre justice est incapable, et du moment que notre justice ne peut, vis-à-vis d'eux, avoir aucun moyen d'investigation et de collaboration, leur appliquer notre code est parfaitement insensé. Il nous faut une loi spéciale.

Voit-on les colons se réunir par bande s'armer et la nuit partir faire une razzia dans les tribus voisines ? Nous ne les volons pas plus que nous ne les assassinons ; nous voulons avoir quelque chose qui les force à garder pour eux, leurs goûts de rapine et d'assassinat. Quelques chiffres à ce sujet : l'an dernier, le Moniteur de la justice a relevé 1,753 crimes, sur ce nombre combien d'affaires arrêtées, et surtout que de crimes inconnus ! Est-ce quelque chose d'extraordinaire que nous demandons ? Simplement le rétablissement de la loi de 1849 édictée par Bugeaud sur la responsabilité collective des indigènes. En somme, la police faite par les Arabes, sur eux, par eux-mêmes. Quoi de plus simple ? Met-on à Montmartre des agents de Montrouge ignorant le quartier, et pourtant, on veut que ce soient les gendarmes français qui saisissent les bandits indigènes.

Nous ne volons, ni n'allons piller les Arabes ; que la réciproque existe. Comme vous le voyez, nos récriminations ne sont pas énormes. J'ajouterai que le peuple ne se plaint pas des colons ; nous leur donnons du travail, de l'argent, et à force, les intérêts étant mélangés, on se rapproche les uns des autres. Ce qui pille et exaspère les Arabes. c'est la justice avec ses trébuchets et les impôts. Que de fois ne m'est-il pas arrivé de rédiger des réclamations de pauvres diables, nos locataires ou de leurs amis, contre les cotes de leurs taxes. Ce sont ces répartiteurs, incapables ou trompés par les cheiks, tous ces agents en sous-ordre grevant atrocement la masse du peuple et effrontément, qui font douter de la France et de son équité. Pour la justice, je n'aurai qu'un mot à dire, une figure à donner.

Figurez-vous un Anglais avec sa perruque,

qui siégerait au Palais, à Paris, ne comprenant pas un mot de français. Les parties discutent, braillent et l'interprète explique le cas. En Algérie presque tous les interprètes sont Juifs et vous savez combien ces gens-là sont adroits pour vendre tout. Aussi à la sortie d'une audience de Justice de paix en Algérie, il est facile d'entendre souvent une partie des plaignants sortir le nez long, le regard mauvais et jurer : Din ! Youddi !

Pourquoi les juges, moyennant une compensation, n'apprendraient-ils pas l'arabe : avons-nous besoin, nous colons, d'interprètes?

C'est donc une absurdité, que de nous traiter d'arabophobes; nous ne voulons pas plus les exterminer que nous n'allons les piller ; nous voulons seulement qu'ils ne nous volent pas, ne nous incendient pas, ne nous assassinent pas impudemment. Nous voudrions, enfin, que la France, pour se les attacher davantage, et alors nous les rendre moins hostiles, ait plus d'équité dans ses impôts, plus de justice dans sa justice, abandonne enfin son engouement pour cette race, dont les antécédents doivent nous mettre en garde vis-à-vis de ses vices invétérés, et même de ses qualités, qui, sous un peuple pusillanime et inhabile, peuvent devenir très-dangereuses; nous souhaitons que la France soit

éclairée pour abandonner son engouement, surtout quand ses sympathies pour ces indigènes,
corrompent la bonté de son cœur et provoquent
pour nous, ses enfants, une antipathie, un dédain, aussi peu mérité que dangereux pour l'avenir. Telles sont nos récriminations envers
l'Arabe, il y a loin de là à cette extermination
pure et simple que l'on nous suppose désirer.
Nous ne sommes point, vis-à-vis d'eux, des
planteurs du genre de celui de Paul et Virginie,
féroce, cruel, un rotin toujours à la main, menant
ses hommes comme des bêtes ; pour les mener
rudement, nous en avons besoin, pour les toucher et les frapper nous les connaissons trop
bien, et nous ne les craignons que trop. Nous
peindre ainsi, comme ces planteurs exotiques et
antiques, est aussi faux que perfide. Nous ne
demandons nullement le droit de vie et de mort
comme certains journalistes feignent de le croire.
Sécurité pour nous, de la part de leurs bandits
et de leurs passions de pillards, et moins d'empressement de la part de la France à les admirer
aveuglement et à nous les rendre nos égaux.

Même les meilleurs parmi eux, gardent par
fanatisme, au fond de leur cœur, une arrière
pensée de méfiance et de révolte de leur orgueil,
et leur incroyable prétention, de leur supériorité.
Ostensiblement, ils paraissent soumis, mettent

leurs belles qualités pour orner nos fêtes et même défendre notre drapeau : ce sont des chevaux bien dressés ; ils font parfaitement les courbettes devant les chefs ; mais pour nous, qui les connaissons intimement, comme le cavalier connait son cheval, nous les sentons encore frémir.

Il faut qu'ils arrivent à aimer leurs cavaliers, pour leurs bons soins et qu'ils les sentent bien solides en selle, et bien les maîtres. Pendant longtemps, ce ne seront que des alliés et des alliés douteux, pour le plus grand nombre, indignes du droit de citoyen. Pour qu'ils l'obtiennent, il faut d'abord, qu'ils le désirent, se montrent soumis et toujours capables d'obéir.

Lavés, je l'espère bien, de tout soupçon comme ivrognes, mercantis et mangeurs d'Arabes, ne sommes-nous pas dignes de l'estime des Français ? Sommes-nous bien les fils de la grande fille de la France, ou sommes-nous pour mériter le dédain de la Mère-Patrie, des dégénérés, des vicieux, des bâtards ?

La misère, dans bien des départements, pousse les malheureux à chercher ailleurs une terre où travailler ; ils gagnent l'étranger. Les ministres s'émeuvent, gourmandent les préfets, pour avertir les populations françaises, d'avoir à se méfier des promesses trompeuses des Amériques, et cependant l'ouvrier et le manœuvre français, à bout, part, et va risquer, sur la Plata ou ailleurs, la plus épouvantable misère, sur une terre où rien ne lui rappelle son pays. La France n'a-t-elle donc pas un pays, pour son trop plein ? L'Algérie n'existe-t-elle pas avec ses immenses plaines, encore à coloniser ? Pourquoi, le paysan français n'y vient-il pas ? D'abord, il l'ignore, et ensuite, l'Algérie lui est par la mauvaise réputation, laissée traînée dans le pays, dépeinte sous de tristes couleurs. Voilà le résultat de ce dédain pour les colons. Non, la France n'agit pas bien ; elle ne veut pas être en frais avec nous et ne sait pas nous faire estimer. Aussi l'Amérique en profite-t-elle. C'est triste.

Pourquoi avez-vous quitté la France ? riposte le bourgeois, dont le père a fait fortune, et qui se trouve fort bien vivre à Passy, ou à Meaux. Les philosophes, les politiques, les économistes, déplorent souvent devant l'empire immense de l'Angleterre, la tenacité peureuse du Français à vouloir rester à traîner sur le pavé de sa ville, à souffrir de la faim, autour de son clocher, rivé au sol du pays. Le Français n'a pas si tort d'aimer tant son pays, il n'y mangera que du pain sec, mais aussi que d'avan-

tages, quelle tranquillité, assurés à sa vie pai-
sible ?

Il a une police pour le garder, des amis pour
l'aider et le réconforter, un climat tempéré ; si
l'hiver, le froid est vif, pendant l'été, au moins,
le soleil ne le dévore pas et la fièvre ne vient pas
l'abattre. Parti pour l'Afrique, qui l'attend ? Un
climat difficile, des gens inconnus, une vie toute
autre que celle de son pays, et l'embarras, la
peur des difficultés. Il part ; mais il lui faudra
désormais ne plus compter que sur lui, une
initiative rapide, une prévoyance de chaque
minute qui le mette toujours en garde contre tous
ceux qui l'approcheront, ou dont les intérêts
seront lésés par son intelligence et son travail.

C'est donc du courage qu'il faut pour partir,
et beaucoup de travail et de conduite pour réussir, dans les pays exotiques. Ceux qui y font
fortune, honnêtement, sont bien dignes d'estime
et des gens de valeur.

Il y a les mercantis ; mais qui a fait les mercantis ; si ce n'est le vice de l'armée et le grand
fourbi ; les chefs d'autrefois, omnipotents, et
faisant, au détriment du Trésor, des marchés
honteux ? Qui était le plus coupable, de l'inten-
dant qui signait le marché ou de l'Algérien ?

Aujourd'hui, le mercanti suivant l'armée, a
disparu ; un dernier échantillon s'est montré en

Tunisie ; mais au moins, dans cette corporation malpropre, les Français inférieurs ont dû céder la place aux Juifs ; témoin, cet admirable Isaac S., la veille couvert de dettes, et, aujourd'hui, trois fois millionnaire.

Non, maintenant, parmi nous, les vrais colons, il n'y a pas plus de mercantis que de buveurs d'absinthe ; et il ne peut pas y en avoir.

D'abord, le mercanti fait sa fortune au galop et presque sans travail ; et nous, c'est en travaillant nos terres sans relâche, que nous les défrichons, les nettoyons et les plantons.

Ainsi c'est une faiblesse, au point de vue politique, de la part de la race française, que de ne pas assez s'étendre dans les colonies, et, au point de vue du monde et des bourgeois, quitter la France est une tare.

Cependant, si quitter son pays montre une originalité quelconque, un besoin de partir, parce que votre esprit est hanté d'idées étranges et de besoins, que votre fortune ne vous donne pas dans votre ville natale, ne peut-on pas reconnaître que cette exode est généralement favorable, et que ceux qui ont eu le courage de quitter leur clocher, en sont revenus plus forts et plus grands ; artistes ou laboureurs ?

Est-ce en France que Bernardin de Saint-Pierre a trouvé les motifs et le cadre admirable d'un des chefs d'œuvre de l'esprit humain, malgré la fin absurde et mauvaise de Paul et Virginie? N'est-ce pas au fond de l'Amérique, que Châteaubriand a trouvé ce nouveau mode d'harmonie et de pensées, prélude du romantisme ? C'est encore aujourd'hui, Pierre Loti rapportant dans le roman un autre genre : le coloris du style d'après nature. C'est en peinture, Delacroix prenant à Alger un de ses plus beaux chefs-d'œuvre, le plus complet peut-être : ses femmes d'Alger. C'est Fromentin, Vernet, Decamps, Regnault, Guillaumet.

Le peintre, le penseur trouve sa fortune au delà des mers, comme le marchand, le planteur et même l'employé. Chacun acquiert par l'étude, d'autres objets étrangers, d'autres occupations, d'autres besoins, une puissance de vue et de volonté plus grande, qu'il n'en avait besoin, dans le train de vie régulier de la patrie.

En France, en effet, la grande partie des gens, est généralement coulée dans des moules fixes : médecins, avocats, négociants, magistrats, militaires, etc., tous ont, avec leur corporation, leur esprit de caste, comme le rentier ne voit que ses amis et n'a d'autre opinion que celle de son journal, partageant les haines et les enthousiasmes de son çof.

Chacun est donc coulé pour ses manières, son

air, ses pensées dans tel moule, après avoir
passé par le laminoir du bachot, et tout en se
posant en indépendant, en sceptique de fin de
siècle, jamais l'homme n'a été si esclave dans
ses pensées, dans ses affections, dans ses opinions ; jamais, tant de chaînes ne l'ont rivé,
comme l'est l'homme moderne, emporté par la
force centrifuge du journalisme du jour, autour
d'un homme, d'une opinion, dans le système de
telle ou telle planète. Impossible d'avoir une
individualité, vous êtes entraîné, enlevé ; seuls,
quelques rares artistes préfèrent rester à l'écart,
regarder et penser.

Quittez votre ville, vos relations, abandonnez
votre pays ; alors, loin de toute influence, vous
reviendrez plus vous-même ; promptement, vous
serez écrasé si vous êtes sans force et sans
courage, comme vous gagnerez vite de la puissance et de l'individualité, si vous pouvez lutter,
livré ainsi à vos propres ressources.

Les gens qui sont sortis de la France ont développé leur intelligence et leurs forces. Témoin
les créoles ? N'a-t-on pas remarqué combien les
créoles, à Paris, réussissaient, et combien se
rencontraient parmi eux, d'hommes supérieurs.
Les femmes semblent, à ces Français descendants des vieux émigrants partis sous la monar-
chie, avoir sous les tropiques gagné une beauté

idéale. La Martinique a fourni presque en même
temps, une sultane à Constantinople et une
impératrice à l'Europe. Lamartine et George
Sand ont assez célébré la beauté des créoles.
Les hommes, rompus tout jeunes, au comman-
dement, à l'initiative, à toutes les fougues de
l'ambition, se sont toujours montrés aussi en-
treprenants qu'habiles, fournissant aussi leur
contingent d'artistes, Lethière, Dumas, d'Epi-
nay, Cassagnac, ne sont-ils pas de sang créole ?

De ces fils-là, dont les pères avaient quitté
la France autrefois, la France est fière ; pourquoi ne le serait-elle pas aujourd'hui des
Algériens ? Le colon comme le matelot, porte
avec lui, en dehors des rivages du pays, le drapeau de sa patrie. Pourquoi ne mérite-t-il pas
aussi, la même estime, et n'excite-t-il pas la
même sympathie ? Comme dans l'armée, il y a
les zéphirs, les mauvaises têtes, il y a aussi les
mauvais colons, mais l'ensemble est bon et
digne de la fierté de la France ; les Algériens
méritent bien de la civilisation ; sur cette terre
barbare ils en sont les pionniers ; et comme une
armée envahissante, les colons s'avancent, la
pioche et la charrue en main, conquérir l'Afrique :
chaque champ qu'un colon défriche, qu'on ne
l'oublie pas, chaque arbre qu'il plante, c'est le
sol de la France qui s'agrandit.

Leur œuvre est déjà superbe, elle peut et doit devenir grandiose. Ils ont bien mérité de la Patrie, c'est à elle de leur témoigner sa sympathie, à s'inquiéter d'eux, de leurs affaires, de leurs besoins, de leurs opinions et alors, malgré la haine ou la jalousie des peuples, l'Afrique du Nord deviendra une nouvelle France ; il n'y aura plus de Méditerranée.

Pour mieux vous les faire connaître, ces Algériens, ces colons, je vais vous présenter mes trois voisins. Je ne trie donc pas mes modèles. Ce sont des types, si vous le voulez; mais s'ils étaient restés dans le troupeau commun, s'ils avaient suivi la marche dans les sentiers battus et rebattus de leurs camarades, les terres qu'ils exploitent aujourd'hui seraient encore en friche et j'estime, ainsi qu'About, que tout homme qui plante, travaille pour son pays.

Au fond d'une cuvette, entre de grandes collines dénudées, au milieu d'un vaste jardin de figuiers, loin de la route, sans voisins à plusieurs kilomètres à la ronde, s'élève une grande maison blanche, bâtie et possédée autrefois par un caïd, mort ruiné. C'est là qu'habite mon ami et voisin Edouard.

A la suite d'une frasque de jeunesse, alors qu'il était à Paris, il demanda sa dot à ses parents, pour entrer dans une combinaison

industrielle. Son père s'empressa de lui refuser ;
mais il lui dit : « J'ai encore acheté des terres en
Algérie ; mes locataires indigènes me paient
assez mal ; pars fonder une propriété : je t'abandonne deux cents hectares. » Édouard était né
en Algérie, où son père avait été employé ; bien
jeune, il avait quitté ce pays, mais ses souvenirs lui tenaient au cœur. La proposition fut
acceptée ; il quitta Paris et arriva.

Étranger à tout ce qui concerne l'agriculture,
surtout l'agriculture en Algérie, où l'on est
obligé de créer, de faire soi-même son expé-
rience, de dresser ses gens comme ses bêtes,
ses premières années furent dures, très dures.
Sans proches voisins, tout seul dans son bordj,
avec un domestique européen et ses Arabes,
quelles heures d'amère tristesse, d'inquiétude
et d'ennui ne passait-il pas ! Que de querelles,
que de nuits sans sommeil ! Il a été incendié
cinq fois et volé je ne sais combien. Une nuit,
un trou énorme fut fait dans son mur ; les bandits pénétrèrent dans une salle du rez-de-chaussée et la pillèrent. S'il s'était réveillé, il eût été
tué infailliblement. Sous sa fenêtre, autour de
sa porte, des assassins bien armés le guettaient.
Ah ! ce n'est pas précisément une vie de noce
que l'on mène, quand on se fait colon ! Impossible de faire la loupe ! Pour oublier et surmon-

ter tous ces tracas, il avait le courage que donne
une volonté énergique, l'ambition d'une œuvre
grande, surtout la vue de tous les jours du
progrès accompli.

Dans toutes ces terres autrefois stériles, où
seulement les moutons et les chèvres paca-
geaient, il voyait dans les chemins qu'il avait
tracés des chariots lourds descendre, chargés
de blé. Sur les crêtes des collines, où l'on chassait difficilement à son arrivée, tant les chardons
et les épines étaient forts, des charrues fixes,
tirées par douze bœufs, défonçaient le sol et
promettaient de riches moissons. Le long d'un
versant exposé au Nord, à l'abri du sirocco,
peu éloigné de sa maison, dans un terrain sili-
ceux et friable, une grande bande verte s'éten-
dait et formait le commencement d'un beau clos
de vigne. Enfin, au milieu de ses champs, au
repos, des troupeaux de bœufs et de moutons
paissaient, s'engraissaient.

Quand j'allais le voir, après nous être plaints
mutuellement de nos déboires, de nos angoisses, devant un état de choses inquiétant pour
l'avenir, nous levions les yeux, pour trouver du
renfort à notre courage, des indices d'espérance.

Et, autour de nous s'étendaient de grands
champs de blés. Les blés durs, aux épis garnis
de longues barbes, apparaissaient d'un vert

d'émeraude, pour les feuilles, surmonté d'une teinte plus pâle donnée par la nuance plus blanche des épis velus. Les blés tendres, les tuzelles azurées, semblables aux flots de la mer, comme eux, sous la brise violente, s'ondulaient, s'emplissaient de vagues. Les vignes aux feuillages verts, mouchetés des blancs de l'envers des feuilles retournées par le vent, des rouges des pampres touchés par le sirocco, couvraient le sol de leur luxuriante végétation.

En comtemplant tout cela, il me frappait sur l'épaule et me disait avec une fierté bien naturelle : des ennuis, oh! oui, nous en avons; mais quel résultat aussi que le nôtre; ah! messieurs les ronds-de-cuir de l'administration, les bons amis des villes, de Paris, qui nous appellent colons marécageux, en ferez-vous jamais autant?

Celui-là peut être fier : avant ses vingt ans, il a fait son devoir. La guerre était dans son plein, la déroute partout, la terreur dans toutes les familles qui avaient des leurs à l'armée. Il quitte ses parents, emporté par le patriotisme, s'engage et fait la campagne de la Loire et du Mans. Devenu colon algérien, il a montré tout d'abord le même courage pour affronter et combattre la mauvaise fortune; mais son énergie l'a domptée. Et aujourd'hui, le voilà grand propriétaire, ma-

rié, père de plusieurs enfants qui, un jour, seront
à la tête d'un domaine d'un millier d'hectares.

Voilà un colon, qu'en pensez-vous? Certainement de bons bourgeois pourraient objecter :
« S'il n'avait pas été si tête brûlée!... Oui, certes,
on pouvait en dire autant à son sujet en 1871.
Alors il s'est montré patriote et courageux, et
pour devenir colon en Afrique, il faut et du courage et de l'enthousiasme.

En voici un autre, d'un genre différent. Grand,
élancé, mis avec recherche, il rappelle Henri de
la Rochejaquelin, mais bronzé. En dehors de
chez lui, son teint, brûlé par le soleil, le fait seul
prendre pour un colon. Lui, c'est un dilettante.
A le voir, il paraît un clubman des villes ; à l'entendre causer, il semble un heureux habitant de
Montmartre, la nouvelle Athènes. Sa biblio-
thèque est des mieux garnie, surtout de classiques. Parfois, les jours de pluie, quand tous
ses ouvriers sont sans ouvrage, on le trouve
dans sa cave, près de ses grands foudres, l'ébau-
choir à la main. Maintenant si frappé de sa mise
élégante, en dehors de chez lui, vous venez le
surprendre dans ses écuries, vous l'entendrez
de loin, gueuler et jurer comme un abominable
charretier.

Son père, ancien officier supérieur de chasseurs d'Afrique, avait acheté une propriété, pour

une somme bien petite, au malheureux conces-
sionnaire français, ruiné, mourant. Il s'y était
retiré pour y vivre économiquement. Au service
de la France, comme à celui de l'Autriche, le
militaire ne devient pas riche. Il était venu aussi
à la campagne, pour pouvoir satisfaire encore
ses goûts d'homme de cheval. Son fils, après
ses premières études dans les collèges d'Afrique,
avait fini ses classes en France. Tout ce temps
lui parut un long exil. Son soleil lui manquait.

Après avoir échoué à Polytechnique, il signifia
à son père son intention bien arrêtée de retourner en Afrique et d'y être colon. Son père qui
connaissait les difficultés du métier, qui savait
aussi le peu de considération que ce titre, dans
la famille, amènerait sur son fils, fit tous ses
efforts pour l'en empêcher. Rien n'y fit. Voici
un trait de lui qui le peint tout entier.

La première année, il le faisait un peu à la
française, en amateur. Un dimanche, de très-bon
matin, le boulanger du village lui écrit pour
avoir le soir, pour sa fournée, un chariot de fa-
gots. Dans la matinée, il fait charger le chariot
et placer devant la maison, prêt à être conduit
après le déjeuner.

Vers deux heures, un Européen, — une armée — qu'il avait comme charretier et à qui il
avait donné l'ordre de préparer l'équipage pour

aller au village, attelle et va partir. Mon ami, avant son départ, jette au chariot le coup d'œil du maître. Il n'aperçoit pas la corde de la mécanique.

— Où est la corde ? demande-t-il.

— Certainement que je ne l'ai pas bue !

— Pour sûr ; aussi je vous allonge deux francs d'amende.

— Ah ! tralala ! donnez-moi mon compte et voici le fouet.

Aussitôt il règle l'individu et reste le fouet en main. Il n'y avait pas à remettre le départ de la voiture ; le boulanger attendait ; et plus un seul garçon, pas un charretier de resté à la ferme : tous étaient partis au village. Il n'hésita pas, et, passant son fusil à un Arabe qui l'accompagnait, il fit claquer le fouet, et : Hop ! en avant !

Depuis, il est devenu, au dire de ses domestiques eux-mêmes, un des premiers charretiers du pays.

En cinq ans, il a planté vingt-cinq hectares de vignes ; il défriche toujours et continue à planter tous les ans. D'une propriété de chasse et de pacage, avant son arrivée, il en a fait une des plus belles des environs.

Maintenant, après avoir vu le clubman dehors, voyez-le dans ses champs : vous lui trou-

verez un air de bandit ; toujours mis alors en
évadé, souvent sans chapeau, même l'été, semblant ainsi braver le soleil même. A moins qu'on
ne l'examine et qu'à son regard ou à son com-
mandement on ne le devine, ce n'est certes pas
à lui que vous adresseriez la parole comme au
patron. Mais voyez-le, chez lui, assis sur un
divan, où il vous montre de fort belles toiles,
des cartons garnis de dessins de ses amis de
Paris, et vous croirez avoir quitté l'Afrique,
et causer dans quelque atelier du boulevard de
Clichy. Ainsi que je vous l'ai dit, lui, c'est un
dilettante.

Il a été incendié deux fois, volé quatre ou cinq
fois ; une nuit, en rentrant tard chez lui, un
Arabe lui a tiré un coup de pistolet. Si Edouard
est le type de la raison, celui-ci, c'est celui de
l'imagination. L'enthousiasme pour l'Orient,
joint aussi à une force d'énergie et de caractère
qu'il sentait ne pas pouvoir user dans une carrière de bureaucrate, l'ont rendu colon.

Ceux qui croient, ne pas pouvoir trouver en
Algérie de gens à qui causer, n'ont qu'à le rencontrer dans le train ; ils seront servis à souhait. Lui-même s'amuse parfois à vous raconter les étonnements qu'il a souvent produits, sur
ces naïfs voyageurs, qui viennent en Algérie,
et croient ou veulent épater les Algériens.

A ce sujet, il a eu des aventures qui ont failli tourner au tragique, d'autres absolument abracadabrantes , surtout quand il y avait des femmes.

Au troisième ! — C'est encore un de mes voisins ; je vous ai promis de ne pas choisir. Il est encore tout jeune ; mais c'est bien le type du fils du petit colon, devenu grand propriétaire.

Il y a trente ans, son père débarquait comme simple ouvrier, avec 50 francs dans sa poche. Grâce à son travail et surtout à sa bonne conduite, il put s'associer avec un colon chez qui il travaillait. Puis, il devint gérant d'une grande ferme, et finit par louer une propriété. Son ordre, joint à son intelligence pour acheter et vendre, lui firent assez rapidement mettre de côté de belles sommes, avec lesquelles il acheta une grande ferme délaissée et qui avait déjà ruiné plusieurs propriétaires, mais des propriétaires qui ne la faisaient pas valoir eux-mêmes.

En quelques années, elle change, devient riche. Il a dépensé plus de cent mille francs et y a déjà planté cinquante hectares de vignes. Dernièrement il s'est rendu acquéreur d'une nouvelle propriété qui me touche, et que son fils dirige.

Lui, a été élevé sur les mêmes bancs que les

fils des préfets. Revenu du collège, il a aidé son père pour mener les deux propriétés. Il est son mécanicien, son chimiste, son interprète. Voilà un vrai type d'Algérien, de colon, fils d'un ancien petit colon qui a réussi. Le résultat est beau.

A côté de ces trois-là, il y en a d'autres qui sont des dévoyés, des ratés, certainement; mais ils disparaissent du niveau, ils rentrent dans le dessous, s'en vont ailleurs ou à l'hôpital.

La vie algérienne est comme un crible très fortement agité et dont les mailles sont très larges. Pour ne pas y passer, il faut avoir une certaine circonférence et de l'estomac, de la tête surtout, pour ne pas s'étourdir dans les entreprises, dans les écarts de cette vie à outrance, où l'on tombe quelquefois, après ces laps de temps consacrés à la dure existence du travail incessant, du qui-vive continuel, vous jetant parfois dans l'orgie ou les sottises.

Eh bien, ces trois Algériens-là, croyez-moi, sont de galants hommes et valent bien des Français; ils font, et ont fait, ce que beaucoup ne feront jamais. Je vous disais: « Vous ne jugez pas Paris, d'après les héros de Bruant, ni sur les fortifications, le lundi; ne jugez pas non plus les Algériens, du haut de votre wagon, d'après les on-dit, l'opinion de gens qui ne les ont jamais étudiés, ou qui les détestent, comme détestait ses administrés, ce commissaire furieux contre les gens du quartier, venant trop souvent se plaindre à lui qu'ils étaient volés.

Et, un mot, avant de finir : s'il y a tant de canailles en Algérie, à qui en est la faute ?. Si ce n'est à ceux qui, au lieu de les frapper s'entendent avec eux !

Abandonnez-vous vos anciennes appréhensions, vos répugnances et finirez-vous par croire que les Algériens ne sont ni des mercantis ni des buveurs d'absinthe !

Ne sentez-vous pas, au contraire, que sur cette Algérie, s'élève une nouvelle race française, plus jeune et plus solide, sans idées rétrogrades, plus vigoureuse, retrempée par ce grand art des peuples forts : l'agriculture ? Les modèles en ont été les anciens Romains ; avant d'être les maîtres du monde, ce furent de rudes laboureurs et d'excellents colons.

Aujourd'hui l'Algérie est le boulevard de la France ; c'est aussi certainement l'enjeu de la prochaine guerre. Les modernes Romains n'ont qu'à débarquer pour chercher sur cette Afrique les souvenirs de Zama. Nous n'aurons pas besoin d'Annibal, pour leur démontrer leur outre-cuidance, et la différence à faire entre eux et les soldats de Scipion. Qu'ils débarquent, leur tombeau est prêt.

Contre eux, les Arabes seront pour nous ; ils les méprisent, les sachant pauvres ; ils ont à les redouter, les sachant affamés. Unis ensemble, nous et les Arabes, nous défions bien n'importe quelle puissance, de s'emparer de ce pays. Nous avons pour nous, les forteresses inacessibles des montagnes, les grandes plaines, où le soleil se charge de combattre mieux que nous ; enfin, nous avons le désert, enclos immense et suprême, devant lequel toute armée, même victorieuse, frémira avant d'oser s'engager.

Enfin, en plus de toutes ces ressources du pays et du climat, n'avons-nous pas notre courage, pour défendre nos biens et nos terres ? Ce n'est ni pour des phrases, ni emballés pour un homme, que nous nous battrons. A nos oreilles aussi, le terrible appel des soldats de Salamine retentira : « En avant ! Sauvez la Patrie, sauvez vos enfants, vos femmes ! Voici la lutte suprême ! » Nos intérêts seront mêlés avec ceux des Arabes ; du diable, alors, si nous ne fauchons pas tous les macaronis vantards et jaloux qui seront débarqués.

La France peut compter sur nous : Pendant la paix, nous avons agrandi, par le travail, son territoire ; au moment du péril et des luttes de

la guerre, nous défendrons ce boulevard de la
Patrie ; nous le défendrons avec la rage et la
tenacité de notre sang français, chauffé par ce
soleil, dans notre existence si active. Nous
n'aurons pas à craindre les traîtres, car, de
concert avec les Arabes, nous les supprimerons
dès le commencement. Et alors, ce sera une lutte
acharnée pour défendre notre sol, l'engraisser
des cadavres des envahisseurs. S'il nous faut
gagner nos éperons, nous les gagnerons. La
France après, oubliera toutes ses erreurs passées
et pourra nous crier aussi : Je suis contente de
vous !

Eh ! bien. Marquise, qu'en pensez-vous maintenant ?

— Bravo, mon cher ! Je vous sais assez bon
dessinateur, pour être assurée de la ressemblance
de vos portraits ; vous n'êtes point gascon, je
suis donc, aussi, certaine de votre bonne foi. Si
votre cœur est un peu chaud, il fait plaisir
d'entendre défendre ses amis et combattre des
erreurs pernicieuses. Nous sommes, les Parisiennes, un peu chauvines ; nous aimons qu'on
nous touche par la fibre patriotique ; elle est si
souvent agacée par un patriotisme de convention,
que cela fait du bien d'entendre des accents
vrais ; c'est l'indice certain d'un cœur généreux
et fort. Je renie mes erreurs. Je vois, je crois,

je suis désabusée. Encore une fois bravo, colon, et vive l'Algérie !

— Ma parole, Marquise, j'ai envie de vous embrasser !

— Vraiment ? Eh ! bien, de grand cœur.

XII

La nuit était venue ; l'haleine des vents du Nord, passant sur les hautes cimes, couvertes de neige, des Aurès, venait piquer le visage et provoquer, sur la peau, de voluptueux frissons. Au milieu de toutes ces sensations de fraîcheur, sous cette irroration abondante du Sahara, après la chaleur du jour, l'imagination était inquiète, excitée, cherchant encore de nouvelles émotions. Aussi, un des voyageurs, parlant des colons, de leur existence emportée et mêlée à tant de circonstances, avec leur tempérament vigoureux, dit à l'Algérien : Vous devez souvent avoir des rencontres, des aventures, des romans singuliers ?

— En voulez-vous une, de ces aventures de la vie algérienne ? — Ecoutez :

J'avais été passer quelques jours chez un de mes amis. Dans une chasse aux cailles, nous arrivions à une éminence dénudée, garnie seulement d'aloës et de quelques touffes de lentisques. Sans faire attention, je fis monter ma jument sur une sorte de petit tertre.

Prenez garde, me dit mon ami, c'est creux, c'est une tombe : tout ça est un gebbêna — cimetière arabe.

En effet, tout autour de nous, étaient des tombes, qu'on reconnaissait à la terre relevée, comme on voit la nuit sur le sol, les masses des Arabes dormant, roulés dans leurs burnous. En bordure, quelques pierres étaient placées ; quelques tombes avaient un trou — témoignage des ravages des chacals.

Auprès d'une d'elles, je vis un superbe églantier, parfumant l'air de son âcre parfum. Ordinairement, l'églantier ne pousse qu'à l'état sauvage le long des rivières ou dans les ravins.

J'en fis la remarque à mon compagnon, qui me répondit : C'est juste, et cet églantier a été planté ; que je vous conte son histoire.

Alexandre D... allait souvent à G... pour suivre les marchés, faire ses provisions et y chercher quelques distractions. Un de ses Arabes, un jour de marché, en causant de femmes, lui dit : As-tu vu la fille de le Hadj, le marchand ? c'est la plus belle fille du pays, rouge comme les grenades du Taya ; elle a l'âge de se marier, son père en demande 1,500 francs.

Avec Alexandre, les affaires ne traînaient pas. C'était un excellent vendeur, un acheteur hardi. Eh ! bien, lui répondit-il, fais-moi la voir et connaître; tu auras bien travaillé « Terbah ».

Quelques mois après, Messaoud, un fellah, laboureur, d'Alexandre, un brave homme déjà d'un certain âge, fort dévoué et fixé sur la propriété depuis de longues années, épousait Zazïa la fille de le Hadj, bien qu'il eut déjà une femme et des enfants et que pour se payer une femme de 1,500 francs, rien dans sa position ne justifiait une pareille fantaisie.

Les parents de la jeune fille se firent tirer l'oreille ; ils espéraient pouvoir marier leur fille, si belle, à quelque riche négociant, à quelque cheik, ouk kaf, fonctionnaire quelconque au burnous d'écarlate ou d'outre-mer. Ses deux frères surtout étaient fort hostiles. Mais Alexandre intervint directement, acheta chez le père un joli trousseau, paya comptant, et promit aux frères sa protection spéciale à la Sous-Préfecture, pour leur faire obtenir le burnous bleu des daïras de l'administrateur, premier échelon des honneurs, avec la perspective du burnous rouge de cheik.

La noce fut fort belle, la poudre parla presque toute la journée. Le soir les sept chevaux

et juments d'Alexandre menaient une fantasia
qui fit époque; un cavalier se démit le bras. On
tua une vache, six moutons, un bouc; sept me-
sures de blé servirent à faire le kous-kous, les
kessċras (galettes), les ref'fifs (beignets). Une
centaine d'invités étaient venus. Le marié avait
loué douze filles pour danser; et il receuillit près
de six cents francs de ses invités ; car chez les
Arabes on paie son hôte.

Au moment de l'heure mystérieuse du berger,
au milieu de la nuit nuptiale, qui devait se passer dans une chambre, ancien magasin à outils,
adossée aux murs des écuries, tandis que les
coups de fusil roulaient dans la nuit, à travers
les échos des ravins de la montagne et de la
forêt, les you-yous perçants des femmes, les
rages du tam-tam, les murmures des kasbas,
les trilles aiguës de la reïta faisant danser les
filles, une ombre, comme une petite femme
enveloppée de son haïk de laine, sortit à la dérobée et gagna le portail de la cour entre-
ouvert. C'était la mariée, qu'attendait Alexandre.
Il referma sans bruit le grand verrou sur Zazïa.
Ali, un des fils du marié, un gamin d'une
dizaine d'années, avait suivi Zazïa et tout vu.

Pendant plusieurs années, Alexandre eût à sa
disposition la femme de Messaoud, devenu son
garde. Toujours jolie, fraîche, d'un caractère

agréable, ni jacasse, ni mauvaise comme le sont les femmes arabes, propre et coquette avec ses vêtements neufs, une pointe de musc, ou de ce parfum fait dans le Sahara, avec les fleurs du myrte, elle conservait sa beauté, sa fraîcheur et sa bonne grâce. Elle n'allait ni au bois ni à l'eau, ne sortant que pour se rendre à la fontaine de la rivière, faire ses ablutions avec les autres femmes, leur montrer ses nouveaux cadeaux et aussi leur démontrer, que si elle était la mieux parée, c'était à bon escient. Qui eut osé se montrer sa rivale pour la finesse de la jambe, la puissance attrayante des cuisses, le modelé très fin, le galbe de tous ses charmes, l'éclat de la peau de tout son corps, qu'elles pouvaient alors examiner, dans ce moment d'intimité des nudités, pendant les ablutions ?

C'était la plus belle, c'était aussi la plus jalousée. Toutes les femmes des Kramès et des garçons la haïssaient, et ensemble, maudissaient sa beauté, souillée par ce chien, fils de chien de patron, un roumi.

Ali, qui allait avoir quinze ans, après avoir luttiné, depuis déjà longtemps, les filles, cherchait à jouir des femmes et distinguait particulièrement la petite brune Aïcha, au teint aduste, aux bras bistrés mais beaux, à la gorge ferme, avec ses seins raides et globuleux de jeune femme sans enfant, à la taille toujours bien serrée, et creusée pour faire valoir ses hanches voluptueuses et sa croupe provocante. Elle se trouvait fort piquante, capable aussi, d'avoir des bijoux à volonté comme Zazïa. Elle lui avait juré une haine mortelle, une vraie haine de femme arabe, espérant la supplanter, sans doute.

Elle fit vite partager sa haine à Ali, lui répétant que c'était un déshonneur pour son père, pour lui, aujourd'hui un homme, de voir sa belle-mère, en relations infâmes avec le chrétien. Sa haine lui donna de la vertu. Elle résista au jouvenceau, et allumant davantage ses désirs, le fit entrer dans ses projets de vengeance.

Une fois, il lui confia que le jour même du mariage, il avait vu sa belle-mère aller avec le Roumi, passer sa première nuit. A cette révélation, la petite Aïcha se leva d'un saut, foudroya le jeune Ali d'un regard furieux et de cette apostrophe : Va-t-en ! maudit ! loin de mes yeux ! Tu n'es ni un homme, ni le fils d'un homme ! ni un Musulman ! Fils de chien, toi aussi. Que le Prophète te damne ! toi, qui a laissé violer une enfant de sa loi sainte ! Va ! infâme, ne me reparle jamais, ou je crierai à tous les gourbis de cet endroit, abandonné de Dieu, votre ignominie. Tu as compris? ne m'adresse jamais la parole, ou venge-toi !

Le lendemain soir de cette scène, Ali rentra, plus désagréable encore que de coutume. Toute la journée, en gardant son troupeau, il avait roulé dans son esprit, ses projets de vengeance et ses désirs d'amour. Son père revenait du marché de G. avec Alexandre. La vente des trente bêtes qu'il avait conduites, avait été bonne ; aussi le « tellis » était-il rempli de cadeaux pour les femmes, de dattes grasses, et même d'un burnous pour Ali, donné en récompense au berger.

C'était au milieu de mai, aux premières chaleurs. A cette époque les nuits n'ont plus les coups de vent froid d'avril, ni les rages du sirocco de l'été. Sous les arbres et les treilles touffues, les hommes et les enfants passent la nuit dehors, pour jouir de la douceur de l'air embaumé par tous les parfums des champs.

Alors, le spectacle de toute la nature est enchanteur. Sous le ciel étincelant d'étoiles, sous le souffle discret de tièdes haleines du vent du sud, la terre caressée s'endort dans un calme profond. Les grenouilles seules l'interrompent, par leurs bruyants préludes à leurs longues amours que le soleil déjà haut et brûlant du lendemain pourra seulement rompre et finir.

Au milieu de la nuit, Ali, qui avant de sortir, après le repas, avait fouillé dans une peau de

mouton, où était caché un long poignard de son
père, s'assura si tout ceux qui étaient près de
lui dormaient profondément ; puis il alla se mettre auprès d'une haie de cactus, sous un grena-
dier en fleur, près de la porte du jardin, par où
il fallait passer, pour gagner la porte d'Alexandre.

Il était caché depuis quelque temps, quand il
vit venir un Arabe en burnous. Il crut d'abord
que c'était un homme ; il eut peur ; mais vite à
sa démarche il reconnut Zazïa. Il tira de sa gaîne,
son génoui, s'assura encore du bout du doigt
de la pointe et de la lame, et au moment ou Zazïa ouvrait la porte, il bondit sur elle, et lui en-
fonça tout entier le long poignard dans le flanc.
Puis, la précipitant sur le sol, la maintenant
avec ses genoux, il appuya bien à terre de sa
main gauche la tête pour lui faire tendre le cou
qu'il coupa entièrement avec autant de rapidité
que de férocité.

Tandis que les veines coulaient, jaillissantes,
avec le bruit atroce de bouteilles qu'on vide,
sentant qu'elle ne bougeait plus, Ali releva sa
gandoura parfumée, et, à la lueur des étoiles
découvrit ce beau corps; il en examina les beautés, puis ouvrit le ventre, de bas en haut d'un
coup violent.

Assuré que personne ne l'avait vu, il écouta

si nul bruit ne venait. Le rossignol seul, dans le frêne de la fontaine, troublait cette merveilleuse nuit, chantant le printemps et l'amour.

Ali s'enfuit promptement à la rivière ; se lava, enterra dans le sable son génoui et sa chemise inondée de sang et revint se placer où il avait commencé à s'endormir, rêvant longtemps à Aïcha, aux yeux noirs comme les olives mûres...

La colère d'Alexandre égala sa douleur, devant un tel meurtre. La justice vint inutilement ; le coupable était introuvable. Alexandre offrit une très forte somme pour qu'on pût lui indiquer l'assassin ; il ne le sut que bien plus tard.

Quelques jours après la catastrophe, il vint me voir, et m'amena près de cette tombe, où est enterrée Zazïa ; il planta dans la terre encore fraîche, sa badine, qui est devenue cet églantier.

Tant qu'à Ali, après avoir été garçon dans plusieurs fermes des environs, s'étant rendu dans un des douars de la montagne où les frères de Zazïa étaient Cheiks, un matin, près d'une touffe de lauriers-roses, au passage d'un gué, il fut trouvé assommé.

Après quelques réflexions sur cette aventure

l'ingénieur dit au colon : Notre ami, Robert,
nous a parlé, à un moment, avec une certaine
émotion, d'une Algérienne aux grands yeux
noirs, remplis de lueurs étranges. Les femmes
ici, peuvent avoir grâce à leur beauté troublante
une fascination singulière. Vos tempéraments
doivent les désirer et les aimer avec une rage
jalouse. Dites-nous donc une histoire, dont les
héros soient des Algériens français.

A vos souhaits ! lui fut-il répondu, et l'Algérien fit le récit suivant :

M. C., à vingt-quatre ans, avait épousé une
jeune fille des environs, dont le père avait une
grande concession de chênes-liège. Elle avait été
élevée comme l'enfant de la nature. Très jeune,
elle passa de l'enfance à la puberté ; ins-
truite de bonne heure de la différence et des
rapports des sexes. Galopant souvent seule,
des heures entières, accompagnant ses frères
à la chasse, décidée, et n'ayant peur de rien,
tout en connaissant bien le danger. Un jour de
chasse, s'étant égarée, elle s'était assise un
instant, près d'un fourré, écoutant la voix
éloignée des chiens de ses frères. Près de là,
était un chemin de traverse. Un Arabe passa à
mulet. Voyant cette jeune française, si jolie,
couchée, après avoir examiné parfaitement les
alentours, calculé qu'il ne pouvait être ni vu,

ni entendu, il descendit de sa monture et s'ac-
croupit à terre, comme un fauve qui veut trom-
per sa proie, si elle le voyait. Convaincu qu'elle
dormait, il s'avança à pas de loup, les yeux
abaissés, en décrivant un circuit pour arriver
jusqu'à un rocher, d'où il comptait s'élancer sur
elle. Tapis entre deux blocs, lançant des regards
de reptile, il se redressait, quand la jeune fille,
se relevant tout à coup, l'ajusta et après lui
avoir lancé quelques bonnes épithètes en arabe,
lui lâcha ses deux coups de plomb.

Expliquer cet instinct des jeunes Algériens,
des jeunes filles surtout, pour s'éloigner des Arabes, les écarter, serait assez difficile. Cependant
quand on connaît leur instinct de brute, leur
audace, cette aversion se comprend, car cette
méfiance est la sauvegarde de leur honneur. Il
y a déjà trop d'exemples de honte et de déshonneur arrivés dans d'excellentes familles, par
suite de l'immixtion de domestiques indigènes
dans la maison, ou de la naïveté des enfants
innocents, pour que les Algériens dès les premières années, n'apprennent pas à leur famille
à écarter l'Arabe.

Entrez dans la maison d'un colon, vous rafraîchir, vous verrez un marmot marcher dans la
chambre, le père s'amuse à lui dire de ces phrases qu'on apprend aux petits : Jules, lui dit-il,

voici les Arabes ! Et, l'enfant, aussitôt éclair son regard, fronce le front, semble chercher une arme, pour chasser ou dévisager un ennemi.

A côté de l'enfant, un beau chien s'amuse, mais quand il entend, les Arabes ! son poil se hérisse, et il emplit la maison de ses aboiements.

Sur ce sujet que l'on discute, une chose est certaine : c'est que l'Algérien tout jeune prend en méfiance l'indigène ; et il a bien raison.

Toutes ces belles phrases, et ces beaux mouvements de réthorique philantropique sont vite renversés, par un simple regard jeté dans l'intimité de leur vie, ou sur les scandales, ou les malheurs passés.

Ces parisiennes qui regardent complaisamment, avec des regards de concupiscence très expressifs, les Bédouins, les Juifs, les emburnoussés, sur les boulevards, ne se doutent certes pas, de la pitié qu'auraient pour elles les Algériennes, qui estiment le contact d'un Arabe, comme la plus ignominieuse dégradation à laquelle une femme puisse tomber. Tant qu'aux Algériens, je vais vous donner un exemple de leur opinion à ce sujet.

M. C. avait donc épousé cette jeune Algérienne si vite formée à cette vie, si éclairée sur les dangers qu'une femme peut courir au milieu des indigènes. Pendant plusieurs années, leur ménage fut heureux. Malgré la difficulté des débuts, des craintes attachées aux nouvelles entreprises, aux mauvaises années, leur intérieur, grâce à leur mutuel amour, était charmant.

Plusieurs enfants leur étaient nés et poussaient avec la force et la grâce que peut avoir ici, sous ce soleil et dans cette existence de mouvement, un vrai et pur sang français.

En fumant une cigarette, appuyé à un mur tout en examinant le ciel pour deviner le temps du lendemain, M. C. tendit l'oreille à la conversation que deux arabes, accroupis derrière le mur, échangeaient. L'un disait : oui, j'en suis sûr, j'ai vu Abdalha sauter par la fenêtre : il l'a eue la première fois dans le jardin, un jour qu'il y travaillait et qu'elle tait en train de cueillir des fleurs. Oh ! mon frère, il paraît qu'elle a une peau comme le lait caillé..... Ah ! si le patron savait l'histoire ! Bast ! comme nos femmes, les Françaises ! et...

M. C. sur le moment ne fit guère attention à ces paroles. Puis peu à peu ses pensées se concentrèrent sur ce souvenir et mordu d'un doute affreux, il résolut de s'en assurer.

Mais comment faire ? Aller demander à ces deux gueux, qui causaient ensemble l'autre fois, des explications ? C'était leur assurer ses doutes et jamais un Algérien, vis-à-vis d'un indigène, n'aurait cette faiblesse.

Pendant quelques jours, il roula continuellement ces suppositions. Ma femme! pensait-il, est-ce possible? Une Algérienne, qui méprise si fort les Arabes, s'être laissée aller jusqu'à se donner à un de mes garçons? Ah! mon Dieu! ma vie est désormais empoisonnée. Pourtant, je l'adore et elle m'aime à ne pas en douter.

Tous les vendredis, il allait au marché, vendre, acheter ou simplement voir ses voisins, réunis au village, ce jour-là. Un soir, en rentrant en voiture, à un détour, il voit tout à coup un cavalier quitter précipitamment la route à sa vue et s'enfoncer dans les broussailles, comme pour l'éviter. Ce mouvement l'avait frappé; il l'étudiait et un éclair jaillit dans son cerveau. Cet homme était Abdalha avec sa jument blanche, son ancienne pouliche qu'il avait eu le temps de reconnaître.

Brûlant la fièvre, hâve, il arrive chez lui, la figure bouleversée. A son arrivée, sa femme au milieu de ses enfants venait le recevoir. En voyant son air défait, elle s'empresse, inquiète, caressante auprès de lui, et l'embrasse. En l'embrassant dans le cou, il flaire comme une odeur de musc. Etait-ce une hallucination? — Il sent une odeur d'Arabe attachée sur sa femme.

Il avait alors comme bonne, une maltaise;
pendant toute la journée elle n'avait pas quitté
la maison. Une heure après son arrivée, M. C.
la voyant bien seule, dans sa cuisine, s'approche
d'elle et avec un ton et un regard qui donnaient
à signifier une résolution inébranlable, il lui dit:
on vient de me voler 500 francs. Vous seule
étiez à la maison, je vais vous faire arrêter immédiatement et conduire en prison.

— Je vous jure !

— Alors, si ce n'est pas vous, dites, dites de
suite qui ça peut être.

— Abdalha est venu, madame lui a parlé.

— Depuis quand la voit-il? Je sais que vous
le savez.

Depuis le mois de mars. Ça a commencé dans
le jardin.

— Quand, la dernière fois est-il venu ?

— Vendredi, comme aujourd'hui, il m'avait
appelée pour donner du miel à madame et je l'ai
fait entrer dans le bureau de monsieur.

— Ah ! misérable ! si tu dis un mot maintenant, tu es morte et damnée!

En moins de quinze jours le malheureux devint méconnaissable; en proie à tous les ravages
d'un mal affreux. Sa femme, à qui il n'avait rien
dit, rien laissé deviner, était prise d'une grande
inquiétude et voulait le forcer de partir à Cons-

tantine voir un médecin. Inutile, lui dit-il, je sais et dois être le seul à savoir et à guérir mon mal.

Il partit pourtant, et resta quelques jours à visiter plusieurs de ses amis, à qui, frappés de son état, il annonça son départ en France, pour Vichy avec sa femme. Revenu chez lui, après être passé chez son notaire, mettre bien ordre à ses affaires, il chercha longtemps comment faire pour éviter le déshonneur, le scandale.

Il n'y a pas à en douter, mes premiers enfants, disait-il, sont de moi, ils sont trop frais, trop bons pour qu'il y ait dans ces êtres d'autre sang que le nôtre. Ah ! pour le dernier, celui que cette malheureuse porte dans son sein, ça c'est autre chose ! Au lieu d'avoir à le maudire, ce fruit-là. il faut abattre l'arbre même. A cette atroce pensée, il s'arrêtait, et en se rappelant ses premières amours, à tant de bonheur qu'il avait eu, à cette vertu que paraissait avoir sa femme, des larmes le prenaient, il s'enfermait pour pleurer et cacher ses sanglots ! Ah ! soupirait-il, si c'était un Français, j'ai mon bras pour me laver, mais d'un Arabe, comment le punir et me venger, empêcher que dans la famille une pareille graine ne rentre ! Oh ! malheureuse, que je t'aimais ! Oui ; et tu mourras avant peu !

Et sans chercher, tant la honte l'empêchait de

pouvoir se rendre compte, par les détails, de son malheur, comment sa femme avait pu succomber, il ne voyait que l'acte brutal, la souillure. Dès qu'il avait eu la preuve que sa femme avait été touchée par ce misérable, sa femme pour lui était morte ; il ne cherchait plus que le moyen de la faire disparaître.

Quelque temps après, malgré la mauvaise saison, il partit avec sa femme pour Vichy, après avoir prié ses parents de venir le remplacer chez lui, pour veiller aux travaux et garder ses enfants pendant leur absence. Au lieu d'embarquer sur un transatlantique, il prit un bateau marchand, dont le trajet est beaucoup plus long et où il n'y a pas de médecin. La veille, sa femme, prise d'un mal subit, avait été très malade. Cependant, ils s'embarquèrent à midi. A cinq heures, ils étaient au large, la mer moutonnait ; Mme C..., souffrante et indisposée de la mer était couchée, son mari aux petits soins auprès d'elle. En descendant dans sa cabine, le capitaine avait remarqué sa pâleur et M. C... lui avait fait part de ses craintes. Tout à coup, il tira sa montre comme un homme qui a longuement médité sur un projet, et qui, pour ne pas hésiter à l'accomplir, s'est d'avance fixé une heure.

Mme C..., pour adoucir ses vomissements,

buvait de la limonade. Après un violent effort, elle se pencha vers son mari et lui demanda à boire. Sans qu'elle s'en aperçoive, il jeta dans le verre une pincée de poudre blanche, de strychnine.

En voyant la poudre mortelle se dissoudre, un frisson le prit. Le poison! l'arme du lâche! pensait-il; comme je préférerais pouvoir la tuer d'un coup de revolver, avec son gueux; et me venger en homme! Oh! mes enfants, ma famille, c'est pour vous que j'use de cette vengeance honteuse, afin d'éviter le déshonneur de votre nom.

Madame C. redemanda le verre, le prit et avala tout le contenu, presque d'une seule gorgée, comme le font ceux qui sont tourmentés de vomissements. A peine l'avait-elle avalé, que les douleurs se firent sentir dans ses yeux, qui devinrent bientôt hagards. Une convulsion agita ses jambes, et sur la secousse de quelque chose de terrible, d'indéterminé, s'emparant de tout son être, elle se dressa à demi, appelant d'un cri son mari, qui alors, la saisissant par le poignet, les yeux épouvantables, en la fixant avec rage dans son agonie, lui dit, serrant les dents: « Tu l'aimais donc bien cet Arabe d'Adhalha? Je suis à jamais perdu, mais toi, misérable! Tu iras t'engloutir au fond de la mer! » Une écume blanche lui vint à la bouche entre ses lèvres devenues plus pâles que les folioles d'une tubéreuse. Ses oreilles avaient entendu et son cerveau, intact depuis ces quelques secondes, avait bien compris la signification des paroles de son mari. Elle soupira : « Pitié ! pitié ! ne me maudis pas ! Je n'étais pas coupable. J'ai été violée. Comment t'avouer une telle honte ! j'attendais, je préparais le moment de me venger moi-même. Je te le jure ! en face de la mort ! Et adieu ! Adieu ! toi seul, je t'aimais et je t'aimes encore. » Et, sans plus pouvoir parler, elle mourut, ses yeux brillants, remplis d'une intense expression de pitié et de pardon.

Le cadavre le lendemain, selon les règles expresses du bord, fut placé sur la planche et jeté à l'eau.

Débarqué à Marseille, d'où il devait repartir pour Paris, voir sa famille, M. C... restait à fixer continuellement cette vaste étendue d'azur, qui forme la Méditerranée, et où sa femme gisait, au milieu des abîmes. Un soir, au Prado, du haut d'un rocher surplombant sur la mer, il s'y jeta pour y trouver la mort et avoir, avec celle à qui il ne pouvait survivre, le même tombeau.

Donnez-nous maintenant une aventure personnelle.

Avec des femmes? n'est-ce pas? — Que votre volonté soit faite alors.

Une après-midi, j'étais à surveiller une bande d'Arabes qui crochetaient les rangs de vigne, tandis que la charrue labourait l'emblave.

Elle était attelée à trois bêtes, et le garçon indigène qui les conduisait, avec son pantalon français tout en loques, sa ceinture rouge roulée en câble, ses grands yeux noirs, aux cils démesurément longs, la moustache peu épaisse aux poils rudes et droits, était un beau et solide gaillard, bon travailleur, bien que mauvaise tête et armée roulante, — surtout coureur, aimant à profiter auprès des femmes, de sa fière tête et de sa grande allure.

Depuis un mois, un jeune Arabe, frère d'un Kramès, marié depuis peu à une femme de quinze ans, venait d'arriver. Je m'étais déjà aperçu que Salah, mon garçon, rôdait autour du gourbi de la jeune mariée, causait avec la vieille mère, faisait l'aimable avec le mari.

Une nuit les chiens aboyèrent beaucoup, le lendemain je demandais à mon garde la cause de ce tapage, si ce n'était pas la hyène ou des voleurs.

Non, me dit-il, ce doit être Salah qui allait voir Zineb... la moitié de son mois a déjà passé chez les Juifs pour elle, et Salah n'est pas le seul.

Oui, Belkassem, l'homme au mulet gris, y va aussi et Salah le sait.

Tout en surveillant la bande des piocheurs, je jetais de temps en temps un coup d'œil à la charrue. Je l'attendais déjà depuis quelques instants, mais rien n'apparaissait et ne se faisait entendre : ni pointe de collier, ni claquement de fouet.

Impatienté, je quittais mes hommes pour monter sur une grande allée, d'où l'on peut voir tout l'autre versant, de ce flanc de montagnes.

En bas, près du ravin, je vois les trois bêtes alignées, la charrue couchée et le laboureur assis nouant ses sandales. J'arrive à lui et lui demande où est Salah.

Il est descendu tout d'un coup, répond-il, dans les broussailles, sans rien dire.

Je regardai dans la direction indiquée et je vis une tache blanche qui courait, c'était mon homme.

Au bas des vignes, passe un chemin arabe qui traverse le ravin, près d'un laurier rose, un mulet gris était attaché, puis de l'autre côté du ravin, en face les broussailles, dans un grand champ de blé les femmes Arabes sarclaient

En les examinant avec attention, je m'aperçus que la petite Zineb, toujours voyante par ses melafas — robes de laine rouge — et ses foulards de tête de couleur, n'y était pas. Au milieu des verts sombres des feuillages, des myrtes et des lentisques, une masse de couleurs avec du rouge et du blanc se distinguait.

Je devinais la vérité, quand de cet endroit un coup de feu partit.

Sans aucun doute, un drame arabe venait de se passer ; mais n'ayant point mon révolver je me sentais peu l'envie de me mêler dans une affaire, entre burnous, à propos d'une ceinture de femme dénouée ; cependant, je sifflais mon levrier, pris la curette de la charrue et descendis au plus vite.

Près d'arriver, entre deux touffes, je vis Salah cherchant à fuir.

Salah ! lui criai-je brusquement, ah ! ça, qu'y a-t-il donc ?

J'allais droit à lui ; je vis son bras ensanglanté ; il était horible à voir : les traits bouleversés, tirés, les yeux féroces. Après un croisement d'éclairs de nos yeux, il me dit : Belkassem m'a tiré un coup de pistolet dans le bras ; je l'ai tombé avec mon génoui (long couteau).

Et c'est pour cette petite Zineb que tu lâches ainsi ton travail !

Il baissa la tête et me répondit sourdement :

« Entends-moi avec pitié »... Le garçon revenait; mais tout à l'heure c'était le brigand pris
sur le fait, le fauve sur sa proie, capable, malgré mon chien et, ma curette, de continuer le
jeu du génoui. Je ne le quittais pas des yeux ;
il continua :

Oui c'est à cause de Zineb cette...., elle sarclait
avec toutes nos femmes, je l'avais vue venir ;
elle a disparu, et restait longtemps; j'ai aperçu
le mulet gris de Belkassem attaché près du ravin, et j'ai vite compris; je suis descendu
comme un fou, — quif ramoul, — comme un
taureau. Je les ai trouvés ensemble ; avec mon
fouet je me suis rué sur Belkassem, il m'a tiré
un coup de pistolet dans le bras; j'ai lâché mon
fouet, et, de mon génoui, je l'ai frappé au cou.

Alors, j'ai saisi Zineb; je voulais l'étrangler :
mais ses yeux brillaient comme ceux des dé-
mons de l'enfer et je l'ai renversée sur le corps
de Belkassem... Ah ! « regarde - moi sans
colère ! »

Oui, te voilà pour trois ou quatre ans à
Lambesse !

— Pourquoi ? — toi, tu connais trop bien les
Arabes pour t'occuper de ce qui s'est passé
entre nous, pour une femme.

Une heure après, j'étais descendu près de la
maison, sur le chemin qui mène à la rivière et

monte à la montagne. Les femmes arrivaient
de sarcler marchant à la file, portant sur la
tête des paquets d'herbes.

La dernière était Zineb ; elle marchait lentement, portant avec aisance, sur sa tête au visage
bistré, aux cheveux épais et noirs, serrés par
son hendia noir et jaune, une grosse botte de
fénouil vert retenue par son bras nu.

Il sortait de sa mélafa rouge, largement ouverte sur le côté, découvrant l'aisselle charnue,
garnie dans le creux, d'une mousse et d'un petit
frison de poils très-noirs ; montrant le flanc d'un
modelé serré et très ferme, et la naissance d'un
sein solide et piriforme.

De loin, mes yeux se braquèrent dans les
siens. Je cherchais à la dévisager. Son grand
œil noir, dans sa tranquillité et son brillant,
semblait inondé d'une flamme singulière. Elle
supporta sans gêne, mais en coquette, mon
regard investigateur et brutal.

En passant près de moi, elle abaissa ses longues paupières, par leur mouvement habituel
de pudeur agaçante devant un homme.

Rien ne paraissait avoir troublé la douceur
des lignes courbes de ce jeune visage ; mais ses
narines étaient plus ouvertes, ses lèvres fortes
mais bien dessinées, ses lèvres sensuelles, se
plissaient comme pour un sourire intime, au

souvenir d'une jouissance aiguë, la montrant heureuse et provocante encore, par le déhanchement calculé, le mouvement lascif du ventre.

Ce fut peut-être son plus beau jour à cette jeune Arabe ; pour elle deux hommes s'étaient entr'égorgés. « elle avait fait couler le sang. »

XIII

A un endroit, la route s'enfonçait, et semblait descendre une côte très longue. De grandes ombres noires, s'étendaient sur la gauche, et de là, un bruit sourd, un grondement, se faisait entendre. Chacun écoutait ; le filateur s'écria : Le lion !...

Malgré toute l'invraisemblance d'une pareille supposition, à ce mot terrible, plus d'un sentit un frisson descendre sur ses hanches. Comment, en effet, passer le désert sans penser à ces fameux lions, ces lions du désert, qui d'après les vers ronflants, extra-romantiques, de Musset, gardent les sources ?

Sur le rocher brûlant,
Les lions hérissés dormant en grommelant.

Aujourd'hui, il y a encore des lions, mais en

fort petite quantité ; ils se sont retirés sur les montagnes sauvages des Zerdezas et des Beni-Salah. Là, ni une route française, ni un chemin ne passe encore.

Quand ils ont le malheur de sortir et d'approcher des centres européens, aussitôt ils sont signalés, chassés et tués.

Mais autrefois, dans le Sahel, surtout aux environs de Jemmapes, entre la mer et cette commune, au milieu de ces splendides forêts de chênes-liège que la sauvagerie arabe a déjà incendié quatre fois, sans arriver complètement à les détruire, là, était véritablement le pays du lion.

La nuit, dans les montagnes, près des fontaines, ses rugissements retentissaient. Sur chaque route, le matin, le voyageur pouvait voir et examiner avec une certaine terreur, ses larges et profondes empreintes, effrayantes.

Le caractère du lion a toujours été peint sous son côté théâtral, romanesque et tragique ; cependant, comme l'homme, le lion à ses bons moments ; et il serait curieux de l'étudier dans son intimité, en dehors de son rôle ; c'est-à-dire, aux moments où la faim ne le pousse pas et qu'il n'est pas ce fauve, terrible et épouvantablement sauvage.

Ce que je vais raconter peut paraître bizarre,

mais ce sont des anecdotes, des histoires de
lions, recueillies de la bouche même de gens
habitant le pays et causant du lion, comme d'une
ancienne connaissance. sans emphase, tout en
gardant pour lui un certain respect, que son nom
ou sa force exigent, même dans les souvenirs.

Il y a trente ans à peine, au temps où les
lions pullulaient, les Européens étaient peu nombreux et les Arabes n'avaient pas d'armes capables de lutter avec le lion qu'ils appellent : Said,
le chasseur. L'esprit imbu de l'idée de férocité
du lion sera peut-être surpris de l'histoire sui-
vante : Cependant je la donne comme étant absolument vraie, peignant bien le caractère du
lion, ignoré ; sa bonhommie à certains moments.

Quand un lion, au débouché des fourrés voyait
un troupeau, il s'avançait, et toujours prudem-
ment. Après avoir choisi, de loin, sa proie, d'un
bond prodigieux il s'élançait dessus et la ter-
rassait. Le berger, vite courait au douar, prévenir. Le mari avec les femmes arrivaient.

Le maître de la bête, de loin poussait des cris
de douleur, agitait, sous l'influence d'une violente colère. son burnous, et invectivait le lion,
tout en approchant insensiblement.

D'abord, il lui disait : Mon troupeau n'est pas
le seul dans la contrée ! Il n'est pas en bon état.
Pourquoi n'es-tu pas tombé sur celui de Ben-

Sarak? En voilà un chenapan! ou bien, sur celui de Sidi-Larache? Voilà un riche, il a beaucoup de bêtes et peut t'en fournir. Moi, je suis un pauvre gueux et un bon homme, ne faisant pas de mal à mon prochain, ni ne lui en souhaitant.

Tout en parlant, l'Arabe ne perdait pas de vue le lion; s'il le voyait dans un bon moment, les injures arrivaient après ces préambules. Ah! chien, fils de chien! te voilà revenu, va-t-en! laisse-moi ma bête, voleur! mari mystifié...

Si le lion, bon enfant, repu déjà, ne montrait toujours pas une attitude hostile; alors les femmes s'avançaient, et le sabbat commençait avec force injures, comme femme sais les dire. Elles s'approchaient de la bête et allaient jusqu'à la tirer d'entre les pattes du lion; parvenant à l'arracher. Le lion s'en allait impatienté, de guerre lasse.

Mon père à qui, maintes fois, j'ai entendu raconter ces particularités, étant en tournée, dans les douars des environs de Gastu, avait tenu à voir une bonne femme Arabe qui, quelques jours auparavant, avait sauvé sa chèvre du lion.

Près de la fontaine où elle lavait, un troupeau de chèvres broutait. Tout à coup, elle entend un hèlement désespéré.

Elle se précipite, et voit sa bique dans la

gueule d'un superbe lion. Après l'avoir imploré, elle l'injurie, et finalement tirant la bête par les pattes, tandis que le lion la tenait par le coù, elle fit si bien, que le Saïd, lâchant sa proie, l'abandonna.

Il s'en faut de beaucoup que les choses se passassent ordinairement ainsi. Celà s'est vu, on peut même dire maintes fois, mais ce manège, généralement, s'arrêtait aux préliminaires; car, aussitôt que le lion se donnait la peine de froncer le front, de regarder en face l'Arabe, surtout, d'agiter la queue, signe terrible d'impatience et de colère, aussitôt l'homme s'inclinait, battait en retraite en tremblant, se confondant en excuses, ou en protestations de soumission; convenant que le lion était le maître et pouvait agir à sa guise.

« Va ! lui disait-il humblement, fais ce que tu voudras, excuse-moi, ne me fais pas de mal ; mais tu me ferais grand plaisir, si tu voulais ne pas revenir. »

Le lion était loin de chercher l'homme ; il ne l'attaquait que pour se défendre ; alors, il était terrible.

Dans les histoires de chasse aux lions, qui ont été accueillies en France avec beaucoup de complaisance, il y a souvent bien du roman.

Il était d'abord très difficile, même pour des

gens à toute épreuve, d'oser marcher au lion, en rase campagne. Enfin, le lion éventait admirablement le chasseur, car à sa force il joint une très grande circonspection.

Près d'un caravensérail, un lion abat une vache ; les Arabes accourent et demandent à des tringlots de passage, de venir les aider à chasser le lion et à sauver la bête.

Les militaires prennent leurs carabines, l'Européen gardien du bordj, son fusil, et, une demi-douzaine, ils se portent bravement en avant en blaguant les Arabes, une cinquantaine au moins, qui plus ou moins bien armés, n'osaient, disaient-ils, même pas viser le lion. Mais arrivés à un champ, au haut duquel leur apparut le lion, dressé sur sa proie, prêt à bondir sur le premier qui s'avancerait, ils n'osèrent plus faire un pas, ni même tirer. Tant cette image grandiose de la force, de l'agilité, et d'une indomptable valeur, glace l'homme le plus intrépide, quand, peu sûr de son adresse et de son arme, il calcule la distance qui le sépare du lion, distance qu'il peut franchir par des bonds prodigieux, avec la rapidité de l'éclair.

Les vieux chasseurs de lions, pour arriver à en tuer, étudiaient longuement, d'abord, le caractère de leur lion, puis ils façonnaient généralement dans un arbre une retraite où ils pouvaient être bien masqués et en sureté. Ces histoires de lions tués face à face, sont donc généralement des contes ; aussitôt que le lion se méfiait, il battait en retraite très-lestement.

Voici, à ce sujet, une anecdote que je tiens de mon père.

En 1865, me disait-il, j'ai vu Pertuiset passer toutes ses nuits dehors, armé d'une carabine Devisme, à balle explosible. Il avait parié qu'il tirerait le lion, sans lui tendre d'embuscade. Pendant un temps infini il a vainement attendu. Il est certain que le lion l'éventait et l'évitait.

Nous l'accompagnâmes une fois ; il y avait M..., Henri de F. et moi. Avec Pertuiset, ça faisait donc quatre chasseurs. Nous nous étions postés de manière à ce que le lion fut forcé de passer entre nous, ou de rebrousser chemin et s'engager alors, dans de gros rochers, couverts de ronces et de broussailles. Il préféra se détourner dans les ronces et les épines, plutôt que de passer au milieu de nous. »

Le mugissement des bœufs et des taureaux est bien puissant, il assourdit fortement les oreilles. Quelle différence pourtant avec le rugissement du lion ! Il commence par pousser deux ou trois soupirs, qui semblent sortir du fond de ses entrailles, puis il enfle sa voix, avec des ronflements si sonores, qu'ils emplissent au loin, la plaine et les échos des montagnes, d'éclats terrifiants, comme le tonnerre.

Quand, surpris dans une route, à la tombée de la nuit, on l'entendait rugir, un tressaillement vous prenait, même, quand depuis longtemps, on y était habitué, et tout l'individu vibrait comme une corde à violon.

Si son effet est aussi saisissant sur l'homme, sa venue et son approche terrifient le cheval et le mulet.

Quand je parlais de lion, un vieux colon aimait à me raconter cette aventure. J'étais, disait-il, comme paralysé : un lumbago me clouait sur place, impossible de remuer la tête, le cou ni les jambes. Je me décidais à partir pour l'hôpital de Guelma. On me hisse sur un mulet avec beaucoup de peine et me voilà en route. J'avais à peine traversé l'Oued-Mouger, continuant mon chemin au milieu de ces immenses broussailles, hautes comme des maisons, de lentisques, de myrtes et d'oliviers sauvages, quand tout à coup, mon diable de mulet fait un bond extra-ordinaire et dépose son cavalier avec son lum-bago à terre.

Je n'avais rien entendu, je supposais une mauvaise farce de quelques gredins de bergers arabes. La douleur de la chute, la vue de mon sacripant de mulet qui filait, qui filait, les oreilles sur le cou, absolument emballé, me fit passer dans le cerveau un commencement de colère rouge, contre le mauvais farceur.

En vomissant des injures, je détournais le cou à grand' peine, pour voir celui qui causait mon embarras. Mais qu'aperçois-je tout près de moi? Le regard flambant, le front froncé, nullement disposé à recevoir plus longtemps mes invectives? Le lion! D'un seul coup je suis debout. Adieu, lumbago! et jamais de la vie je n'ai si bien couru. La lassitude, le gonflement de la rate, l'essoufflement, ne sont que des préjugés, dans de telles circonstances. J'atteignis vite le moulin de M. Belloir, où mon sacré mulet m'avait devancé. Assis dans la maison, je regardais encore la porte et la fenêtre, pour voir si je n'y trouverais pas encore cette terrible figure du lion, ses yeux surtout, me fixant.

J'étais parti pour l'hôpital à cause de mon lumbago; je ne l'avais plus; cependant je fus obligé de gagner Guelma, tirer un mois d'hôpital pour — peur de lion —; et je vous garantis que c'est une drôle de maladie.

Voici encore une autre aventure.

Les villages anciens, fondés presque au milieu des coups de fusil, étaient entourés, pour les protéger contre les incursions des Arabes, de murailles assez hautes. A Robertville, il y avait un détachement de lignards.

Une nuit d'été, un lion qui passait par là eut envie de visiter le village. D'un bond il franchit la muraille et fait son tour. Ayant trouvé toute les portes bien fermées, pas de bêtes errantes, il s'apprêtait à repartir, quand il arriva près du poste. Une partie des militaires étaient couchés dehors, le lion s'approche d'eux et les examine en les flairant. L'un des soldats se réveille et se trouve face à face avec lui. Saisi, au milieu de son sommeil, il sent pourtant, tout d'un coup, l'immensité de son danger ; et, pris d'une indicible terreur, en face de la destruction, de la mort, qui va infailliblement l'anéantir, tout son être vivant, concentre toutes ses forces pour pousser un déchirant appel au secours, un suprême adieu, dans un cri épouvantable.

Le lion surpris, ému peut-être, s'enfuit d'un bond ; et le malheureux soldat retombe mort.

Enfin, une dernière, celle-là arrivée ces temps derniers et qu'un bon et vieil ami, M. G. de C... me racontait, justement en galopant dans sa forêt, où s'est passée l'histoire du cheval Cinquante-Deux, autrefois. Je l'ai dit, les lions se font rares aujourd'hui ; ils se sont retirés ; pourtant on en voit encore ; mais ils semblent vouloir épargner, à cause de l'homme, les troupeaux de vaches ; ils se contentent des sangliers.

Je venais de me mettre au lit, me disait-il, le meilleur de mes chiens, Zarad, était couché en haut de mon escalier, le dos contre ma porte, une porte peu épaisse, et ses aboiements m'empêchaient de dormir. Impatienté, je finis par me lever. Je passe un pantalon, un pardessus, je prends ma canne, mon revolver, pour aller voir ce qui les mettait si fort en émoi.

Tous les quatre aboyaient avec fureur, tournés du côté de la meule, située à cent-vingt mètres environ de la maison. Je me dis : ce sont encore les vaches de Ben-Anchour qui mangent à la meule ; demain il sera à l'amende. Je fais ma tournée, toujours accompagné de mes chiens qui pourtant fort méchants et assez braves, ne me quittent pas ; je rentre sans avoir rien vu.

J'étais à peine recouché, que le tintamarre recommençait, et ma porte était ébranlée par les aboiements de Zarad. Cette fois, j'étais las de faire des tournées inutiles, je voulais seulement entrebâiller ma porte et flanquer un bon coup de canne à mon fidèle, mais trop incommode gardien.

J'endosse mon mac-ferlane, je saisis mon rotin, et rien de plus, ni revolver, ni pantalon. Un coup de canne est vite donné ; ah ! bien sûr !

je n'avais pas entr'ouvert ma porte que Zarad
était au bas de l'escalier; et, tous les chiens se
jetaient dans la direction de la meule, aboyant
avec fureur, comme un seul chien.

Décidément il y a quelque chose ! Je les appelle; ils se rangent derrière moi, et je suis surpris qu'ils me suivent en silence. Je marchais
avec précaution dans l'ombre, sur un terrain
inégal. J'approchais de la mystérieuse meule
quand, tout à coup, mes quatre chiens, d'un
seul mouvement se précipitent sur la droite, et
disparaissent.

Quelqu'un leur avait-il jeté une pierre? N'ayant
d'autre arme que mon rotin, au lieu de piquer
tout droit, je crus prudent de contourner la
meule. Derrière, de l'autre côté, j'aperçus en
équarquillant les yeux, trois masses blanches
qui s'éloignaient lentement.

Ce ne sont pas, me dis-je, les vaches de Ben-
Auchour, d'abord les vaches sont plus hautes
que cela; puis quand je les chasse elles se mettent à galoper du côté du parc, tandis que cela
descend vers le ravin? — Ce ne sont pas des
Arabes? — Pour des hommes marchant droit,
c'est trop bas; ce n'est pas la démarche de gens
courbés ? — et cela va lentement.

Qui est là ! criais-je, en assurant dans ma
main ma canne. Pas de réponse. Je marche vers

les trois masses; mais avant que je les ai rejointes elles filent dans l'ombre.

Il ne me restait qu'une chose à faire : aller me coucher; et je dormis le reste de la nuit, tranquille, sans plus entendre la voix des chiens, sans plus penser aux visiteurs; ce devait être des bourriquots, mais de belle taille, échappés aux gawaouis (colporteurs kabyles), pensais-je.

Je n'y pensais plus du tout, quand le surlendemain, le garde indigène de mon frère, étant venu chez moi, m'apprit qu'il avait vu sur la route des traces de lion. Tiens, lui dis-je, Si-Saïd est venu me rendre visite cette nuit ?

— Non pas cette nuit, monsieur; cette trace-là est d'avant-hier; car il a plu un peu hier matin et les gouttes d'eau sont marquées dans les empreintes.

— Avant-hier ! alors, c'est donc lui qui est venu la nuit autour de mes meules ! Mais ils étaient trois.

— Précisément, monsieur, il y en a trois qui tournent partout ici aux environs; il y a quatre jours ils étaient aux Guerbès.

— Mais ces lions ne sont pas blancs ?

— Si, la nuit, quand le ciel est clair ils paraissent blancs comme des burnous.

— Fort bien; alors, je puis dire que j'ai donné

la chasse à trois lions avec mon rotin. C'est une
chance que je n'aie pas eu mon revolver ou mon
fusil ; j'aurais tiré ; j'en aurais atteint, blessé
peut-être un, qui me serait venu dessus, et
alors... c'est mon imprudence qui m'a sauvé.

Ainsi, tout en causant du pays, les voyageurs oubliaient le chemin et s'approchaient
d'El-Kantara. Ils étaient restés, en somme, peu
de temps à Biskra ; mais depuis leur arrivée à
Constantine, que d'idées, que de traits n'a-
vaient-ils pas trouvés et gardés sur l'Algérie, et
surtout sur les gens de ce pays. Eux, au moins,
pouvaient retourner en France emportant autre chose que des photographies et des bibelots
indigènes ; ils repartaient avec des opinions prises dans l'étude même des choses et des gens ;
des opinions encore très rares pour les Français
qui ne connaissent l'Algérie que par son côté
pittoresque, et semblent oublier que sur cette
terre, se développe une race d'hommes, leurs
frères par le sang, mais dont la vie diffère de la
leur, et dont l'avenir devrait si fort intéresser
tous ceux qui ont la passion de la patrie.

Après avoir été considérée comme un véritable dépotoir humain, l'Algérie commence à
sortir de l'enfance. Des fils déjà grands sont nés
de cette belle fille de la France, il faudrait de

plus en plus les rattacher, non pas, hélas ! administrativement, mais par leurs intérêts, à la Mère-Patrie. Toujours magnifique jusqu'à la prodigalité, et insouciante de la qualité des gens à qui elle abandonne ses largesses, ou à qui elle les impose, la France, selon l'opinion des Algériens, n'a-t-elle pas trop vite abandonné l'Algérie à toutes les races de la Méditerranée, qui ont fait de ce pays le refuge à leurs bandits, le dépotoir de leurs vauriens et la vache à lait de leurs ouvriers sans travail et de leurs écumeurs ? Avec quelle insolence ces brigands de Calabrais ne se révoltent-ils pas, après leurs scènes de vols ou d'ivrognerie sanglante contre la police et la gendarmerie qu'ils menacent toujours impudemment de leur consul. Vraiment ! Qui trompent-ils ? Sont-ils chez eux ? Est-ce vraiment la France, qui, par son sang et son argent, a conquis ce pays ; et pour qui ? pour ses enfants, ou bien, pour les ramassis de bandits, qui, sans peur d'elle, l'insultent et en profitent ?

Une autre considération effraie l'esprit des Algériens, vraiment patriotes français. Dans quelque temps, les fils d'étrangers étant les égaux des fils de Français, puis qu'on leur octroie le titre de citoyen, seront forcément les adversaires acharnés des Algériens français, et

le jour où la France voudra frapper l'Algérie
d'impôts, les étrangers, forts de leurs titres, se
révolteront et diront aux Algériens : « Nos intérêts sont les mêmes, la France veut nous
accabler ; nous, nous n'avons pas les considé-
rations du sang comme vous, et refusons ou
demandons la rupture avec la France. »

Que faudra-t-il répondre ?

Ce sera une seconde édition de la célèbre fable
de la Lice et de sa compagne : Arrière ! décam-
pez ou soumettez-vous ; sinon, je sors avec toute
ma bande.

Après avoir traversé l'Alsace et la Lorraine,
le cœur est serré, en pensant que de si beaux
pays et de si bonnes gens sont séparés de la
Patrie. Je me rappelais cette émotion en par-
courant cet hiver les grandes plaines désertes
du Tell, où l'on ne voyait pas âme qui vive, et
où la France pourrait voir s'élever des populations aussi denses et riches qu'il y en eut jadis,
sous l'Empire Romain, et alors, en attendant
que le Rhin revienne un peu Français, voir le
nombre de ses enfants augmenter quand même !

Un autre ennemi est dans l'Algérie, invisible
et terriblement puissant. L'Algérien le sent
aujourd'hui, il le sent aux liens qui l'enserrent
ou le frôlent. C'est une puissance plus terrible
et plus infaillible que n'ont été toutes celles qui

jusqu'à présent ont conquis, brisé, abâtardi réduit en esclavage les peuples ; c'est la puissance occulte qu'on ne voit pas venir, qu'on ne distingue pas, qu'on ne peut ni éviter ni saisir. C'est la lutte dans l'ombre, l'arrivée dans un inextricable filet ; c'est la chute dans les algues gluantes et ondulantes de la rivière, où plus vous vous débattez, plus vous vous sentez enlacé ; c'est la mouche joyeuse aux rayons du soleil, sonnant de ses ailes irrisées la lumière et la vie, tombée dans les toiles ignobles d'une araignée embusquée dans un courant d'air.

Cette chose immense en puissance, atroce dans sa force, insaisissable et horrible dans son impalpabilité, son action sourde, et son œuvre de complète destruction des sociétés, c'est la Banque !

Ah ! les Algériens ont eu jadis les lions terrifiants de leurs puissantes voix et de leur force formidable ; ils les craignaient justement ! Mais jamais, en parlant du lion, bien isolés chez eux, derrière leurs verrous, sous leurs fusils, ils n'ont parlé de lui avec cette terreur qu'ils ont aujourd'hui en parlant avec angoisse et effroi de la Banque !

Comme un immense épervier, disent-ils, d'autant plus immense qu'il est invisible, l'Algérie

entière est menacée. Ce pays va devenir l'exemple effrayant de l'esclavage moderne ; de l'anéan-
tissement de la liberté de l'homme : non par la
force du bras, qui au moins se montre en face,
et prête à la lutte, aux coups ; mais de la force
des capitaux resserrés dans ces bastilles de la
féodalité moderne, les banques ; imprenables,
hélas ! car elles sont insaisissables !

Aux malheureux poissons de la mer, les Algériens se comparent. Ceux qui sont venus, les
premiers, les plus courageux, n'avaient avec
eux, en quittant la France, que le seul trésor
d'Alexandre, franchissant l'Hellespont : l'espérance et le courage. Dès qu'ils ont pu se créer
une situation, dès qu'ils ont pu établir les bases
d'ouvrages, ils ont voulu faire grand, se sentant
la force d'être audacieux. Ils ont emprunté aux
banques, qui sont venues — voilà la perfidie —
leur sourire comme des courtisanes impudiques,
le sein demi-nu, leur offrir leur argent pour les
aider. Mais oui, alors, pareils aux poissons de
la mer, ils se sont engagés dans ces filets aussi
grands que savamment organisés. Dans les
premiers, très espacés, les mailles sont larges
Puis, les filets se resserrent ; les mailles se rape
tissent. Et, quand les victimes sont parvenues à
la dernière nasse, « à la chambre de mort », il
n'y a plus de retraite possible.

Si, vraiment, comme certains Algériens le prétendent, le péril est aussi imminent; si les fortunes les mieux assises, acquises par le travail et l'économie, sous d'immenses mines sont menacées, l'éveil doit être donné. Prêter de l'argent est un commerce. Le banquier trafique de son or comme le marchand de son vin. Mais faut-il que ce commerce ne soit pas frauduleux et surtout dangereux pour la société. Il y a des lois pour le mouillage. L'on a aboli les lois sur l'usure. Et, il arrive ceci aujourd'hui : sur une propriété d'une valeur réelle de cent mille francs, les banques ont prêté vingt mille francs. La crise, qui sévit aujourd'hui, diminue les prix des produits. Le propriétaire se voit forcé d'attendre et de demander des sursis. Les banques ne veulent rien savoir. Elles font vendre la propriété, la poussent, l'achètent pour son dû, et, deviennent ainsi maîtresses d'une valeur triple à celle de l'argent monnayé qu'elles ont prêté. Au point de vue de la loi, c'est légal. Mais au point de vue politique, que penser d'un pareil état de choses? Ne serait-il pas à souhaiter, qu'il y ait pour le propriétaire, pour celui qui a fait un domaine, au bout de bien des années, une garantie, au moins pour garder son bien, en attendant la fin des crises du moment? Ces crises ont démonétisé les produits de la terre; seul, l'argent augmente de valeur ; il a la loi pour lui, et il est impitoyable.

Dans cette lutte du travail et de l'argent, du colon et des banquiers, n'y aurait-il pas, de la part du Gouvernement, un compromis à établir ? Garantir les intérêts de l'argent des prêteurs à un taux ordinaire ; mais garantir au travailleur sa terre, sur laquelle il a travaillé, et, qui doit plus tard faire sa fortune et largement payer ses dettes ?

Faut-il ainsi favoriser cette invasion brutale et injuste par le capitaliste, le riche, dont les capitaux prospèrent toujours, sans aucun travail de sa part, garantis par la loi, sur ces terres, arrosées de la sueur du malheureux colon, qui depuis vingt ans les défriche et les complante, pour s'en voir expulser !

Dans ce pays, où il y a déjà tant de jalousie entre gens de races différentes, n'est-ce pas laisser s'augmenter la semence de ferments de haine et de colère dont l'avenir sera lourdement chargé ? Comme un orage, ils éclateront un jour avec fracas et furie, lorsqu'un souffle formidable de misère aura soulevé la tempête.

XIV

Les hurlements des chiens d'El-Kantara apprirent, dans l'ombre de la nuit, aux voyageurs leur prochaine arrivée. Au milieu de la gorge étroite, entre les hautes montagnes sombres, la voiture passa rapidement. Autour d'une table, longtemps encore, nos touristes prolongèrent la nuit. Réveillés de bonne heure, le lendemain matin par le départ des charretiers de l'auberge, ils étaient levés et admiraient en détail ce coin si beau et si curieux. Merveilleuse image des trois civilisations qui ont, tour à tour, passé sur ce pays, avec ces trois ponts construits à diverses époques, marquant les différents progrès faits par l'Humanité. Le pont romain, au fond, rappelle l'antique civilisation, les vieux siècles écoulés; le pont de fer, la conquête française; enfin le viaduc du chemin de fer, dominant le tout, est l'expression de l'avenir.

Comment décrire cet effet grandiose de ces quelques maisons, de ces ouvrages, au milieu du cadre des énormes montagnes, rubescentes au matin, d'El-Kantara?

Les voyageurs se promenaient, attendant

l'heure de repartir. Rentrés au restaurant, l'on trouva un journal et le lut. Depuis déjà des jours, ils étaient sans nouvelles de l'Europe, sans inquiétudes politiques; tout entiers à l'admiration de la nature, à la joie de la jeunesse et du voyage. La triple alliance était annoncée comme définitivement organisée, avec la promesse faite à l'Italie d'avoir la Tunisie et une partie du département de Constantine; la guerre devenait imminente.

— Ma foi, dirent-ils, autant la guerre de suite. Nous ne pouvons plus vivre sur un qui-vive perpétuel. Nos intérêts en souffrent trop.

— Qui vive ?

-- France !

— Quel régiment ?

— 12me dragons !

— 4me d'artillerie !

— 8me hussards !

— 3me zouaves !

Eh bien! ce sera une lutte à fond. Il faut que les uns ou les autres soient saignés à blanc, selon l'expression même de Bismarck !

La jeunesse est bien à juste titre, l'espérance d'une nation. Que d'insouciance devant le danger ! Que d'enthousiasme encore, dans le cœur et l'imagination, au nom de l'Honneur et de la Patrie ! L'égoïsme, les intérêts n'ont pas eu le temps de l'atténuer. La pratique des hommes politiques, des hommes d'affaires, parmi lesquels il y a tant d'étrangers, de gens sans patrie, ne lui a pas encore montré les dessous désolants et stupides de la politique. Les jeunes aiment la Patrie comme une mère, une sœur, une maîtresse, sans s'inquiéter de ses erreurs, sans chercher à soulever les coins honteux de sa robe. L'amour de la Patrie vous prend quand on a vingt ans. L'on va au feu en chantant, avec entrain, sans regret, sinon sans peur. Le septicisme, l'immoralité de l'argent n'ont pas encore étouffé le patriotisme et l'ardeur du sang. Le Français, quand il sait pourquoi il se bat, avec de bons chefs, a toujours été le plus emballé en face du danger. Celui qui a crié : *Finis, Franciœ!* n'était pas un vrai Français, mais un Français uni à un sang infâme.

Chacun des jeunes touristes but à son régiment, à son drapeau ; l'Algérien leva son verre à la vieille Mère-Patrie, à la France !

Il me semble, dit le filateur, que je me battrai mieux. J'irai plus hardiment au feu. Car je connais maintenant, et nous venons tous de voir, d'étudier et d'aimer l'enjeu de la nouvelle guerre. A ne pas en douter cette terre d'Afrique est mise en partage.

Eh bien ! comme le gentilhomme mettait flamberge au vent avec plus d'assurance quand il avait sa maîtresse au bras, nous combattrons mieux, l'Algérie étant mise en jeu, sous notre protection.

— Qu'ils dégaînent, les coureurs d'aventures !

— C'est une fière et jolie brune, ses charmes et sa possession leur font envie, et à nous aussi ! »

L'Algérien lui serra fortement la main, très ému.

L'amour partagé du pays, la furia française illuminaient leurs visages et dans les yeux de ces quatre jeunes hommes, à travers le voile des larmes de l'émotion, l'intrépidité faisait briller sa flamme.

Pas de lâcheurs parmi nous quatre, de sang français, ajouta l'Algérien, mais dans les masses en France, peut-on en dire autant? Ce n'est pas derrière les Vosges, ni derrière les Alpes, que sont peut-être nos plus mortels et nos plus dangereux ennemis. Rappelons-nous le précepte du grand Frédéric : « Ce n'est qu'avec des Français, qu'on bat bien des Français. » Outre les lâches et les intrigants, n'avez-vous pas, malheureux Français, parmi vous, accueilli, comme l'imbécile villageois réchauffant un serpent, n'avez-vous pas accueilli la masse de la race, dont le nom et le génie signifient : trahison, astuce et perfidie? Croyez-vous qu'ils vont se battre pour vous ? Eux, ces échappés, sortis de tous les ghettos du monde, ces sans-patrie ?

Enrégimentez les Michel, les Lopez, les Rapaport, les Deutz, tous ces Judas, et comptez sur eux, oui, comptez bien sur eux, aidés de leurs femelles, les Païva, les Kaulla, pour vous trahir !

Toutes les fois, que je songe aux moments de péril, dans lesquels la Patrie se trouvera forcément d'ici peu, je ne puis penser sans un frisson de colère et sans tristesse, à ce récit de Saint-Amand, au sujet de la Duchesse de Berry.

« Deutz avait fait sur M. de Mesnard et sur M. Guibourg une mauvaise impression. Tous deux lui trouvaient l'air faux, et ils essayaient de faire partager leur sentiment à la duchesse de Berry. Mais Madame, qui était la bonté, la générosité, la loyauté même, ne pouvait pas soupçonner l'infamie d'une pareille trahison. Comme ils insistaient, — c'est M. Guibourg qui nous l'a raconté lui-même, — Madame s'écria très vivement : « Mais il m'a été recommandé par les cardinaux, par le Pape. Il m'a très bien servie. Il m'est très dévoué. » Ces messieurs ne semblaient pas encore convaincus. La princesse, impatientée, finit par leur dire : « J'ai, en définitive, autant de confiance en lui qu'en vous-mêmes. » Et ils se turent. »

Hélas ! généreuse France, toi aussi tu es la bonté et la loyauté même, tu ne peux croire à l'infamie. Tu donnes l'hospitalité à tous ces enrichis de l'or des pays qu'ils ont exploités. Et ces gens implantés sur ton sol, s'imposant dans ton Paris, te méprisent, te détestent avec avidité. Les hommes veulent ton or, la puissance politique pour te mener et abaisser la fierté native de tes enfants ; les femmes t'exècrent, jalousement. Endiamantées, suant l'or et le vice elles ne peuvent lutter d'attraits et de charme avec la grâce des Françaises et elles leur ont juré une haine mortelle.

De tous ces cosmopolites, à qui tu offres les splendeurs d'une capitale merveilleuse, où se sont concentrés les travaux des siècles, pendant lesquels, il t'a fallu lutter et combattre, pour garder ton indépendance et la fierté de ton génie, tu pouvais attendre de la sympathie et de la reconnaissance. Hélas ! ils te haïssent, et combinent tous les jours, ta ruine et ton abaissement.

Ces appréhensions ne sont que trop fondées. Après avoir trahi l'Epargne française sur les marchés de l'Europe, ne trahiront-ils pas l'armée sur les champs de bataille? Il y a autant de perfidie à ruiner, qu'à faire massacrer. Du reste, tel doit être forcément leur objectif, pour arriver à leur but : l'accaparement, la possession de tout ce qu'ils voient.

En si peu de temps, comment compter ces épouvantables défaites financières subies par les Français ?

— Krach de l'Union générale ; krach des Métaux ; krach du Rio-Tinto ; krach du Cuivre ; krach du Panama ; krach du Comptoir d'Escompte !

Pauvres malheureux petits actionnaires, on vous oublie ; car vous ne pouvez pas crier, et dans le fond de vos provinces, où vous restreignez vos dépenses, vous ne pouvez que gémir ; traiterez-vous ces appréhensions de dangereuses et d'exagérées ? Ils vous ont si bien ruinés, qu'il ne leur en coûtera pas beaucoup plus, pour vous bien faire casser la tête.

Vous, que j'ai connus autrefois riches et fiers, aujourd'hui ruinés, et qui, honteux, accueillez avec regret, sur la toile cirée de votre table, vos vieux amis, soyez donc des hommes !

Vous connaissez ceux qui sont cause de votre ruine et de votre abaissement, que votre juste haine relève votre pauvreté, que votre courage vous donne l'espérance !

Je vous ai sur le cœur, malheureux Français, qui n'osez crier votre misère, qui, en frémissant autour du foyer, serrez la main de celui qui n'a pas peur de les dénoncer, ces oppresseurs ; mais qui, dans votre petite ville de province, dans vos cercles, où se lisent le *Figaro* et le *Gaulois*, craindriez de les nommer !

Osez seulement dire tout haut leurs noms ; le bruit dans toute la France en sera si étendu, qu'il égalera le murmure des flots de l'Océan, capable, au premier souffle des orages, de devenir épouvantable et d'éclater comme la tempête. Et rien qu'en entendant leurs noms criés avec colère, la peur les prendra.

Le rapace qui plane au-dessus des Hauts-Plateaux de Telarma, garnis de troupeaux de moutons, s'enfuit, au seul coup de sifflet d'un jeune berger arabe en éveil et décidé à résister. Les chacals, autour du lion qu'ils croient crevé, se sauvent épouvantés, rien qu'en entendant un grognement.

C'est avec une moins grande terreur, qu'au temps le plus sombre du Moyen-Age, les gens apeurés prononçaient les noms de ces maîtres absolus de l'existence humaine, alors dispensateurs et ordonnateurs de l'Excommunication et de l'Interdit ; qu'aujourd'hui les rentiers blessés aux luttes de la Bourse osent souffler, au milieu de leurs douleurs, les noms des banquiers Juifs.

Il y a pourtant quelques Français, qui ont regardé en face cette Hydre, et qui ont crié, malgré le danger, comme le chevalier d'Assas : voilà l'ennemi ! Toussenel, que je puis revendiquer comme un Algérien, puisqu'il est resté bien longtemps en Algérie, a fait ce livre étonnant : *Les Juifs, rois de l'époque.*

Il les avait étudiés en France, mais surtout ici. En Europe, ils sont masqués ; mais parmi nous, on les voit encore au grand jour de leur nudité morale, éclairés dans tous les vices de leur organisation à l'ardeur de la flamme de leur cupidité.

Enfin, ces temps-ci, Drumont a lancé la *France juive.* Lui, il a la foi, va à l'Eglise, espère au roy. Croit-il à la coopération des archevêques pour délivrer le peuple de ce chancre juif ? Je ne le pense pas ; sait-il que Rothschild est le banquier du pape ? Mais à part ces opinions, qu'il tient sans doute de son bonnet de baptême, quel courage nous aimons à lui reconnaître, quelle merveilleuse vue il a, avec un superbe talent ! Son œuvre durera longtemps, et étonnera l'Histoire.

Quel étonnement, quel réveil pour tous ces pauvres bourgeois, anéantis, acrobatis en silence, dans leurs ruines, fut son livre! et à sa vue, de quel effroi Israël a-t-il été saisi, puis avec quelle activité s'est-il empressé de faire marcher ses machines de guerre, ses déjecteurs, à la vue de cet homme, seul dans toute la France, osant jeter des pierres dans son camp! C'est la diane qui a sonné alors, la charge retentira bientôt.

Avaient-ils peur, nos pères, de crier aux La Chalotais : à bas les nobles! — aux abbés de cour : à la lanterne, la calotte! A ces youtres, il faut leur crier : En France, la seule noblesse qui en impose, est la noblesse du cœur, aujourd'hui ; de cléricalisme politique, il n'en existe plus. Vous, les Juifs, vous, cagots des synagogues, arriérés, s'il en fût, adonnés aux plus stupides superstitions, qui ne mangez que du *Cachir* et vous circoncisez, — vous, les gens aux rites de religion indécrottables, vous osez plaisanter les catholiques! Vous ne nous ferez jamais croire, à nous, Algériens, ou aux jeunes Français d'aujourd'hui, que la défroque d'un frocard servira maintenant, en France, de pavillon pour amener la guerre civile ; les seuls ennemis que nous ayons chez nous, ce sont les enjuivés, et l'ennemi du Français, c'est le Juif!

Le plus grand éloge, peut-être, qu'on puisse faire du clergé français, c'est de n'être pas enjuivé.

Ne pouvant avoir en main le levier ecclésiastique, ils se sont rabattus sur la Franc-Maçonnerie. L'Église et les Loges avaient des principes différents ; mais ces principes différents convergeaient ensemble au même but : la protection mutuelle dans la vie, et surtout l'aide aux malheureux.

Les Juifs se sont emparés des Loges, et ont changé ces principes. Autrefois c'était : Union fraternelle, secours aux faibles, égalité pour tous. Maintenant, quels sont les principes, non pas écrits sur le fronton des loges, mais mis en pratique, dans leur œuvre nouvelle ? C'est l'accaparement, l'égoïsme, l'usurpation de la liberté individuelle. Et dans quel but ? Pour saisir les citoyens et les ruiner. Les Juifs ont changé la Franc-Maçonnerie à leur profit. Ce n'est plus là une institution de philanthropie ; c'est l'œuvre de l'abaissement de la société.

Si la menace du cléricalisme était l'oppression de la pensée humaine, ou l'hypocrisie forcée et le cocuage, les Loges, aujourd'hui, sont la menace des libertés, et, les usines de la ruine publique.

Le curé a sa soutane ; il prêche tout haut dans

sa chaire. Si on ne l'aime pas, on peut toujours le voir sans masque ; s'il vient dans votre chambre, il y laisse une odeur d'encens.

Le maçon, enjuivé, paraît votre frère ; vous marchez ensemble, la main dans la main ; tout en lui paraît d'un camarade ; rien ne peut vous mettre sur vos gardes. Il devient cent fois plus dangereux qu'un jésuite.

Que dirait-on si l'Église, séparée de l'État, contre ceux qui la ridiculisent et la vilipendent, se défendait ; si les cathédrales devenaient aussi d'immenses clubs ?

Les catholiques, en face des insultes de leurs adversaires, des Juifs, semblent ne se rappeler que du précepte de l'Évangile : tendre la joue gauche, quand la droite brûle d'un soufflet reçu. Ah ! ce précepte n'est bon que pour les femmes.

On les bafoue dans leurs coutumes, on les insulte dans leurs convictions, on les provoque. en arrachant des lieux publics les emblèmes de leur foi ; et ils se laissent faire. Et ceux qui le font au nom de la liberté, des idées du jour, de la haine des coutumes rétrogrades, sont l'exemple même, dans le monde entier, des entêtés dans les superstitions séculaires, des enragés de rites dégoûtants et idiots.

A-t-on oublié l'incident des Juifs de Tunis pour les enterrements ? La loi venait d'être promulguée ; tous les Français y obéirent. A Tunis, une bande de youdis ne voulut rien entendre, mais conserver les vieilles coutumes. Des catholiques, des Bretons, auraient agi ainsi, que les gendarmes seraient venus, sabre au clair. Pour des Juifs de Tunis, la loi française s'inclinait et le ministre céda.

A je ne sais quelle époque, un maire d'Algérie voulut faire disparaître ces sales emblêmes, ces mains rouges ou bleues, peintes sur les murs, sur les portes des maisons juives. C'est bête et sale. A l'ordre reçu, une véritable émeute se fermenta dans tout le quartier. Les Juives pleuraient, criaient ; les Juifs, ces lâches, à cet ordre, le prenant pour une atroce insulte, montaient sur leurs toits pour se défendre à coups de tuiles, courageusement.

Le maire, homme d'esprit, devant une telle rumeur, un tel courage déployé par ces fanatiques pour une cause si drôle, revint sur son désir, et pour ne pas blesser ces Juifs, même dans leurs sales superstitions, retira son ordre.

Allez dans toutes les mosquées d'Algérie et cherchez à enlever les croissants et les monogrammes de l'Islam, et vous verrez avec quel courage, jusqu'au dernier des Musulmans vivants, ces emblêmes seront défendus jusqu'à la mort. C'est leur emblème à eux ; c'est leur étendard, c'est leur fétiche ; et, y toucher, c'est leur faire la plus grande insulte.

Lorsqu'en 1798, Bernadotte, à Vienne, arbora le drapeau tricolore, la populace, furieuse à la vue de ces trois couleurs qui lui rappelaient sa honte, ses défaites en Italie, se rua dessus et le lacéra. Bonaparte, avec son armée d'Egypte, allait partir ; à la nouvelle de cette insulte, il s'arrêta. Si l'injure n'avait pas été réparée, la guerre éclatait.

Je me rappelerai toujours une visite que je fis dans les salles de l'hôpital de Constantine. On venait d'amener un pauvre malheureux Maltais qui, dans une chute effrayante, s'était défoncé toute la poitrine. La mort était forcée et prochaine. Il devait souffrir horriblement. Nous arrivâmes près de lui ; et, au milieu des hoquets, des sanglots que lui arrachaient les douleurs, il avait la physionomie non pas calme, mais rayonnante, les yeux grand ouverts, fixés sur un crucifix, contemplant cet emblème des douleurs humaines, du pardon et de l'immortalité, son seul et suprême espoir. Tout près, un vieil Arabe, avec cette impassibilité étrange que donne l'Islam, égrenait son rosaire et attendait aussi, avec impatience, la mort.

Quel mal faisait ce Christ, dans cette salle des malheureux et des douleurs ? Aux uns, il donnaît, par son image, l'espérance et le courage, sans offenser les autres, d'une religion toute différente.

Eh bien, les catholiques d'aujourd'hui n'ont pas protesté, je dis, d'une manière énergique et sérieuse, quand on a enlevé les crucifix ; enlèvement qui aurait pu être à leurs yeux comme la suprême insulte faite à leurs croyances, un audacieux défi porté à leur modération. Ils ne sont donc pas si cléricaux qu'on veut bien le dire.

De Philippeville à Collo, je m'étais, une fois, embarqué sur une balancelle. La mer n'était pas mauvaise au départ ; mais, nous vîmes, à moitié chemin, le ciel s'assombrir tout à coup. Sous un vent violent du sud, des nuages immenses et épais comme des montagnes, se précipitaient sur nous. L'horizon devint d'un jaune de cuivre. Une effrayable tempête se déchaîna. Le sirocco furieux, combattu par une brise très-forte, luttait en fureur; et de même que deux lutteurs balayent l'arène, ces deux vents soulevaient et tourmentaient la mer, avec une rage incroyable. Il était impossible de chercher un refuge sur les côtes, impossible de retourner. Le danger était effrayant. Devant un tel péril, les malheureux matelots n'avaient pas à lutter. Et, s'abandonnant entièrement à la grâce de Dieu, ils se jetèrent à genoux autour d'une croix en chantant une hymne à la madone. Ils la chantèrent d'une voix si profondément émue, si pleine d'angoisses, que mes oreilles en garderont toute la vie le souvenir. Attaché au mât, je fumais avec rage, à chaque instant une angoisse m'étouffait, en voyant ces montagnes de vagues, ces abîmes, entre elles creusés, où nous descendions sans espoir d'échapper ; j'enviais leur chant, à ces matelots Maltais, leur foi, et l'admirais.

Dans l'histoire de la Vendée, un épisode m'a toujours indigné fortement. C'est celui d'un malheureux paysan qu'un gendarme veut empêcher d'aller à la messe. Blessé de plusieurs coups de sabre, le Vendéen, acculé, se défend héroïquement avec un bâton. Rends-toi ! lui crie le gendarme. — Rends-moi mon Dieu ! lui répond le Vendéen.

Eh bien, toutes mes sympathies ne sont pas pour le gendarme, car il personnifie la brutale oppression. Le paysan représente l'homme courageux qui lutte pour sa liberté contre la tyrannie, la puissance, quelle qu'elle soit, ennemie de la liberté de l'homme. Dans un cas pareil, un Algérien, un Arabe même, prendrait fait et cause pour le Vendéen et descendrait le gendarme.

On ne peut pas dire que les Algériens soient,
eux, des cléricaux. Nous avons, en effet, pour
être des dévots, des tableaux trop bizarres et
trop frappants à étudier. C'est la composition
vivante de Glaize : tous les chefs de religions
criant ensemble : la mienne seule est la vraie !
Chrétiens, catholiques, protestants, anabaptis-
tes, quakers, juifs musulmans, mozabites, se-
nousis, tous, se coudoient sur cette terre ; devant
cet ensemble, nous demeurons incertains, pen-
sifs.

Seulement, si nous n'allons jamais ou presque
jamais, accompagner nos mères ou nos femmes à l'Église, nous avons le plus grand respect
pour leur foi et leur religion. Le colon n'a pas
le temps d'aller à l'Eglise, et cependant il a besoin de croire à quelque chose, qui lui promette
une compensation à la mort, pour sa vie si dure,
si meurtrie sur cette terre si ardue.

Le fils d'un vieux colon, à la suite d'un acci-
dent, mourut, enlevé à quinze ans, en pleine jeunesse ; c'était l'espoir pour son père, l'assurance
de la réussite dans l'avenir, et la consolation
de sa vie, car, enfant charmant, son père le
chérissait.

Autour de la tombe, où était descendu le cer-
cueil, tandis que tout le monde s'approchait
pour saisir une poignée de terre et la jeter, le

père saisit une motte de terre et, la brisant dans
sa main crispée de colère, en regardant les planches luisantes de la bière qui emportait toute sa
force, son affection, sa vie, il parut prêt, devant ce lâche destin lui arrachant son fils, à
crier un blasphême effrayant. Mais tout à coup
sa physionomie changea, sous l'influence d'un
sentiment doux et puissant. Se tournant du
côté du vieux curé, il lui prit les mains dans les
siennes rudes et velues, et, lui dit, des larmes
dans la voix et roulant sur ses joues brûlées:
« Ah ! M. le curé, est-ce bien vrai ce que vous
nous dites, que nous nous retrouverons après
la mort ? »

Eh bien, devant cette douleur poignante
d'homme fort et courageux s'il en fut, au milieu
de toutes les luttes et de tous les dangers de
l'existence, en face de son désespoir, conservant comme seule et dernière force pour traîner sa misère sur cette terre, l'espérance dans
l'immortalité, quel est l'homme le plus savamment convaincu de la fausseté des croyances
chrétiennes, qui aurait eu l'audace de venir ri-
caner devant cette fortifiante espérance de ce
malheureux, et de traiter le prêtre, qui console,
d'imposteur?

Croire et prier est un besoin pour l'homme.
Ceux qui ont cherché à saper la religion, ne

pouvant y réussir, ont essayé, devant les masses, pour qui c'est un besoin, de l'atténuer, en
ridiculisant les hommes qui en sont les prêtres.

Lorsque, épouvanté par la tempête, secoué,
menacé, ignorant l'endroit où il se trouve, le
navire est inquiet des parages dangereux où
s'engage sa marche, le phare lumineux perce de
ses longs rayons sauveurs, l'obscurité pour montrer l'espérance et le chemin, que leur importe,
aux matelots, les gardiens du phare ! Le disque
éclatant qui les sauve et les guide, raffermit
leur courage, arrête leurs angoisses ; voilà ce
qu'ils admirent.

Simple matelot de ce navire, qu'on nomme notre génération, je me sens balloté par une terrible tourmente.

Où va-t-il, notre navire, courant ainsi dans
cette course effroyable de vitesse, donnée par le
Progrès moderne, où va-t-il? Entrera-t-il dans
un port tranquille, ou va-t-il s'engouffrer dans
quelque épouvantable malstroum ? Le ciel est
sombre, plus un seul rayon du Dieu du jour
n'apparaît. Dans l'ombre, mes angoisses me
prennent, livré seul à mes inquiétudes.

Heureux alors, serais-je, si, sur le rivage un
fanal resplendissant me montrait la terre, l'endroit du repos, et le chemin pour y arriver !

Ce que je verrais, ce que j'admirerais, ce serait

le rayonnement superbe de lumière, dont j'ai besoin dans la tempête.

De même les prêtres, pour les croyants, ne sont que de simples allumeurs, des gardiens de phares. Sont-ce eux, qui ont inventé ces merveilleux appareils ? — Non. — On ne leur demande que d'entretenir le feu sacré.

Après l'âge des passions, après les blasphèmes des sens, dans l'ivresse, ou inassouvis, maudissant toute idée de Dieu inutile ou injuste, l'homme arrive à un moment, où son cerveau devient plus maître de son être, et, rapproché du cœur qui saigne souvent, il a besoin de croire à autre chose, qu'aux sensations du moment ; il a besoin de croire pour s'épancher, pour espérer. Si c'est un leurre que son espérance, au moins il gagne un repos dans ses douleurs, un sourire de l'avenir pour supporter ses peines.

Où l'on éprouve cette souffrance et ces désirs, c'est, surtout, lorsqu'on a beaucoup aimé des amis que la mort vous a ravis. Quel abattement en face de cet affreux cadavre ! Et toutes les fois qu'on y pense, à cet être aimé, dont tous les souvenirs rappellent à votre mémoire votre bonheur perdu, sa tendresse et votre misère actuelle, comme on souhaite alors, en regardant l'immensité, de croire notre vie passagère, misérable, mais l'âme immortelle !

Ah? que de pleurs j'ai versés un jour, ou, en face d'une tombe, je sanglottais, autant sur la perte d'un être adoré, que sur la mort que je sentais venue à mon esprit, de toute croyance!

Beaucoup de Français en sont aussi là; et le temps des disputes du Jansénisme est passé.

A qui fera-t-on croire, qu'aujourd'hui, avec le cléricalisme libre, des nuées de moines impudiques viendront caresser le menton des femmes et des filles, en quêtant à domicile, la dîme? Si les femmes vont si souvent à l'Église, c'est pour y trouver des consolations à leurs chagrins, à leurs souffrances au foyer; si elles arrivent à se laisser faire par un prêtre, c'est que le mari est un triple sot, ou pas assez mâle. Mais jamais l'on ne fera croire, maintenant, à la France, que le cléricalisme peut devenir un ennemi redoutable. A quinze ans, l'on n'a plus peur de regarder au fond des puits, de crainte de Croquemitaine!

Mais, c'est être profondément aveugle, que de ne pas voir cette main immense des Banques, s'étendant sur toutes les poches, tandis que ies badauds regardent, avec inquiétude, les croix de Notre-Dame, dans la crainte qu'elles ne descendent et ne se métamorphosent en calottins qui les empêcheraient de voir clair, d'étudier la chimie et d'aimer leurs femmes!

Le Juif ressemble assez à un voleur qui frapperait sur l'épaule de son camarade, le Français, à la vue d'un jésuite, et lui crierait : « Tiens ! regarde ce criminel ! » Transi par la peur, à la vue de cette robe noire, les esprits égarés, le camarade resterait interdit, tandis que l'autre, le Juif, lui ferait son porte-monnaie. Voilà d'une façon triviale, le jeu des Juifs dans leur politique antireligieuse, qui n'a été, et n'est encore, qu'un prétexte pour abattre, et attaquer la liberté individuelle, détruire l'égalité, et livrer les citoyens, pieds et poings liés, à leurs passions avides, pour les fouiller, les voler, violer leurs foyers, et les abâtardir.

Les Juifs ont réclamé et obtenu la liberté religieuse. Arrivés au pouvoir et incapables de ne pas obéir à leurs mauvaises passions, incapables d'user d'esprit de justice, aussitôt ils sont devenus oppresseurs et agresseurs.

Or, dès que le Juif a le pouvoir, avec une habileté merveilleuse, il masque sa toute puissance, et, surtout son vrai but, auquel vise son insatiable avidité.

Avant de ruiner les gens, il faut les affaiblir. Il les divise. Divisés, il pourra plus facilement violer les lois sacrées de la liberté, lois gagnées par tant de siècles et de batailles. Une fois la liberté violée, les Français, sans plus de refu-

ges, tomberont tous dans ses mains maîtresses.
Pour diviser les Français, il a jeté le tison des
haines religieuses ; heureusement qu'aujour-
d'hui, les éléments, capables de causer les
effroyables désastres des temps passés, n'existent plus. Seulement, ils sont parvenus à les faire
douter, réciproquement, d'eux, de leur valeur,
de leur qualité, ces Français d'opinions différentes, mais capables de rivaliser, pour les
vertus de citoyen. Comment y sont-ils parvenus ? En faussant l'esprit des Loges, en les
faisant dévier de leur voie, de philantropie,
de charité et d'égalité ; en y semant leurs mauvaises passions autour desquelles, comme
d'immenses boules de glue, les lâches ont été
pris, et les faibles écrasés.

Qu'arrive-t-il, alors ? C'est que les catholiques de France attribuent aux Loges toutes
ces persécutions, les abominent et leur imputent tout leur mal. Or, les Loges n'agissent
ainsi, en violant leurs lois fondamentales, que
depuis qu'elles sont enjuivées.

Et l'on peut dire ceci : c'est que les Juifs sont
arrivés à jeter plus de déconsidération sur la
Franc-Maçonnerie en s'y implantant, que sur
le Clergé, en l'insultant.

Mais, malgré toute leur habileté, leur avidité
souvent les a trahis. En Algérie, il y a déjà eu

des scissions. Des Maçons courageux, ne voulant pas suivre un courant dangereux, se sont retirés. Ils imputent, et avec raison, aux Juifs, la déviation de l'œuvre des Loges, l'abandon des principes de philanthropie, de charité et de liberté. En Algérie, les haines religieuses ne sont pas arrivées. Plus d'un Maçon trinque avec son curé, et, de la meilleure grâce. En Australie, le ministre protestant, n'est-il pas, toujours, le voisin de table de l'évêque ?

Ainsi, telles qu'elles sont, envahies, les Loges deviennent perverses ; centre désormais acquis aux puissants, aux ambitieux, à tous les exploiteurs de la faiblesse humaine. Si l'on y donne au travailleur du travail et de l'ouvrage, c'est en vue du vote et de l'embauchage politique : Au bénéfice de qui ? des gens d'argent, pour ruiner les propriétaires et affamer les ouvriers. Pourquoi ? — Parce que les Juifs en sont les maîtres.

Véritable haras infecté, où l'habitude amène encore les douleurs humaines, pour y chercher des appuis et des protecteurs qui, aujourd'hui, n'y travaillent que pour satisfaire leurs mauvaises passions et infiltrer un mortel virus, une dourine politique. Les vieux et vrais Maçons s'attristent en voyant cette œuvre, à laquelle ils ont jadis travaillé, en hommes honnêtes, devenir une œuvre douteuse, et livrée aux justes attaques des ses adversaires, ils ne veulent plus y aller ; et, encore, retenus par un vieux culte, sans oser jeter l'anathème, ils se retirent tristement.

« Ah ! ces Juifs, disait le colonel F., ces Juifs! jusqu'où leur audace va-t-elle ? Malgré toute notre méfiance, nous les avions accueillis dans la Loge comme des convertis. Mais vite, ils nous on fait voir leur vraie conviction séculaire, conviction de la race toute entière, et qui n'est autre que de l'accaparement. De brebis galeuses, ils sont devenus bergers ; ils régentent, commandent aux Loges, où je ne vais plus ; elles sont devenues avec ces bougres-là, le bouzin des passions politiques. »

Si les Juifs n'avaient pas à leur dossier tous ces désastres causés à nos bourses, grâce à leurs trahisons, leur entente avec l'étranger et même leurs audacieuses charges de leurs grosses banques sur nos intérêts, l'on pourrait peut-être douter de leurs sentiments à notre égard. Mais aujourd'hui, il faut être, vraiment, monstrueusement bête, pour ne pas voir leur œuvre de désorganisation systématique, en France.

Même s'ils n'avaient pas tant trahi à la Bourse les Français, je les craindrais. Ce sont des étrangers, des jaloux. Ils n'ont pas de pays, et pour le mal qu'ils font, ils n'ont aucune représailles à craindre. Nous sommes deux races, diamétralement, comme sentiments, opposées. Le Juif est toujours le Juif, tel qu'il a toujours été. Il faut qu'il acquiert ce qui l'entoure, dépouille ses voisins; pour y arriver, il les trahit. On m'objecte qu'il est des personnalités charmantes, attrayantes, parmi ces masses ennemies et corruptrices. Je n'en disconviens pas ; mais Platon chassait de sa République les poëtes, après les avoir couronnés. Je voudrais bien voir à Jérusalem, ces talents israélites.

Ils ne combattent peut-être pas comme leurs coreligionnaires. Ils ne tirent pas ainsi que les soldats, mais ils sont comme les chanteurs des armées, comme les musiciens. S'ils ne se battent pas, ils enflamment l'orgueil de leurs frères. Et loin de nos applaudissements, je voudrais les entendre et les voir sur les bords du Jourdain.

Timeo Judeos et dona ferentes

Et puis, sont-ce des joueurs de flûte ou des cabotines qui font la valeur d'un peuple et sa moralité?

Ils nous détestent et nous jalousent ; n'est-ce pas très naturel de leur part ? Il faut vraiment être atteint de cécité, pour ne pas savoir regarder ce qui se passe en France, il faut surtout avoir l'esprit imbu d'idées très sottes. Vous jetez à ces gens-là le titre de citoyen français par la figure, sans seulement leur demander si ça leur convient ; est-ce pour les enrégimenter ? Et vous croyez que ces descendants des Youtres d'Allemagne, de ces Youdis de l'Orient qui roulent, si bien affalés dans leurs coupés capitonnés, vers leurs hôtels des Champs-Elysées, se battront pour vous ! Vous voulez qu'ils aillent se battre contre des gens qui peuvent les tuer. Et cela pour vous faire plaisir ! Quelle aberration ! Mais eux, ces sans-patrie, ont adopté la devise : *Ubi bene, ibi patria !* La devise des parasites lâches et dangereux.

Ces étrangers à notre pays, qui ne l'habitent depuis peu, que parce que leur richesse s'en trouve à l'aise, n'ont point l'honneur de leur nom à sauvegarder, ni leurs Dieux Lares à défendre. Le seul intérêt qu'ils aient dans notre pays, c'est d'y jouir en paix, de leur bien-être et des plaisirs.

Que leur importe la couleur du drapeau qui flottera aux Invalides !

Pour vous défendre contre vos ennemis, vous n'avez pas besoin d'eux dans vos rangs, surtout vous n'avez pas besoin de ces étrangers sur vos listes électorales, pour diriger vos affaires et mener votre politique.

Quoiqu'il en soit, puisque tel est l'état de choses actuel, je voudrais au moins me trouver botte à botte, au feu avec les fils de ces Rothschild, ces Stern, ces Hirsch, ces Erlanger, tous ces Juifs si francisés, dit-on, pour voir comment ils se tiendront et comment ils salueront les obus allemands. Je le voudrais, pour me pénétrer de mes erreurs ou de la justesse de mes appréhensions.

Au moment du danger, sur qui compter ? Ce n'est pas dans les rangs plus ou moins épais, égalant ceux de nos adversaires, que sera le plus grand péril.

Dans la prochaine guerre, tout simple soldat saura pourquoi il se bat ; pour sa liberté, pour son champ ou son usine, il se battra bien.

Mais derrière ces braves, ces chairs à canon, parmi les chefs, que de rivalités à craindre, surtout que de trahisons ! Une nouvelle Rahab, une perfide Juive ne se faufilera-t-elle pas encore dans les ministères, et ses frères ne porteront-ils pas, à l'ennemi, les plans et les ordres volés ?

Quel est le banquier qui par son argent a permis à l'Autriche de se réunir à la coalition de 1813, et d'envahir la France ? — Quel est encore le banquier dont la fortune aida la Prusse à lutter à Waterloo ? N'est-ce pas le plus adulé des hommes de Paris et la puissance la plus grande de ce pays dont, deux fois déjà, il a souhaité la défaite, pour sauver ses capitaux ?

Qu'il doit profondément la mépriser en la voyant si oublieuse, la France, mais si riche encore !

Il n'en a pas peur. Il ne l'aime pas ; mais il la désire, il brûle de la posséder davantage, pour assouvir, partout sur elle, les convoitises insensées de tous ses vices, surtout, la dépouiller de son or, cet immensément riche, mais insatiable Juif !

Ceux qui ont voulu tour à tour, s'emparer de la France ont été écrasés dans leur tentative. Les nobles devenus courtisans, ayant abandonné les intérêts de leurs provinces, le clergé devenu la honte de son culte, ont été abattus.

Les adorateurs du Veau d'Or, aujourd'hui, recommencent la même entreprise. Souhaitons qu'à leur tour, ils y trouvent la ruine de leurs forces et de leurs espérances.

Lorsqu'un étalon vigoureux, après avoir renversé plusieurs de ses maîtres est vendu, souvent un gueux de maquignon bohémien l'achète. Pour le mâter, que fait-il ? — Il le fait maigrir. Les banquiers, eux, ruinent le peuple. En perdant de sa force, il perd aussi de sa fierté et de son audace. Et n'espérant pas le dompter, quand il est en pleine vigueur, pour le monter, ils attendent qu'il crève de faim. Après, c'est fini de lui ; il devient une simple bête de somme, et on le châtre.

Voilà quel est le but de ces gens-là, leur reconnaissance pour ce beau pays, dont ils complotent avec l'étranger, la ruine, pour profiter de ses dépouilles. Ils ont hâte d'en jouir. Oh ! malheureuse et trop généreuse France, tu es aussi la bonté et la loyauté même, tu ne peux pas croire à tant d'infamies, et à ceux de tes enfants qui t'aiment le plus, qui escaladent au-dessus des préoccupations du jour pour voir comme la vigie, regarder au loin et signaler l'ennemi, ses sourdes menées perfides, tu leur réponds comme cette duchesse entichée de son Deutz : j'ai, en définitive, aussi confiance en eux, ces Juifs, qu'en vous-mêmes.

Nous, en Afrique, sans avoir besoin d'avertisseurs, nous savons ce qu'il nous importe de faire, au premier coup de canon tiré à la frontière. Avec les turcos, nous nous assurerons de nos judas. Ils doivent s'en méfier.

Rappelez-vous Danton, la veille de Valmy.

Aujourd'hui, il n'est plus besoin de massacres ignobles. Une simple petite loi tirée des lois existantes, — de celles, par exemple, édictées par le conseil d'Etat, en avril 1811, — une escouade d'agents et un préfet de police, avec des gants gris perle, suffisent.

Veillez bien à ceux qui, derrière l'armée, sauront se placer pour tramer avec ardeur. Supprimez, et hardiment, tous ces épeurés, tous ces intrigants politiques, qui crient dans le fond de leur cour : « Périsse la Patrie. pourvu que je reste à ma place et garde mes revenus ! » Supprimez tous ces lâches, tous ces enjuivés ; supprimez, aussi radicalement que possible, tous ces cosmopolites qui, derrière les Européens, travaillent, intriguent, trahissent, pour se repaître après leurs luttes de leurs dépouilles, de leurs cadavres, comme les hyènes, les corbeaux, les vautours, ces charognards !

Débarrassés de tous ces traîtres, de tous ceux qui pourraient les aider, et sur qui ils comptent surtout, vos ennemis, privés de leurs alliés, avant de vous attaquer, hésiteront.

Ne pas craindre de bien se garantir des suspects afin de n'être pas trahis, telle doit être la première condition qui s'impose aux Français pour espérer une lutte égale ; ce sera un gage certain de la victoire. Le Rhin sera regagné ; l'Algérie sauvée, et la Patrie aura reconquis sa place dans le monde, à la tête des nations ; le Droit primera la Force. Débarrassée des craintes de l'oppression brutale, des complots de la perfidie, de la ruine, l'intelligence humaine pourra, alors, s'élancer dans les découvertes les plus audacieuses, fouiller les secrets les plus cachés, et, reculant le progrès, soulager les misères humaines, sous le rayonnement protecteur du génie de la France victorieuse. »

Un nuage de poussière s'élevait sur la route, dans la gorge, un grand bruit de grelots et de claquements de fouet se fit entendre, et, avec ses cinq chevaux, la diligence de Biskra arriva.

Dans le coupé, on reconnait la face joviale du Dijonnais, flanqué de deux Anglais.

A la vue de la bande de jeunes gens, il poussa une exclamation de contentement, et descendu, s'avança au milieu d'eux, en riant et se détirant les jambes.

Ah ! veinards, veinards, toujours, les jeunes ! exclama-t-il, vous n'êtes pas restés hier à Biskra. Plus un seul lit de disponible : — tous retenus et pris par dépêche. — Une invasion de millionnaires nous était arrivée.

J'étais effrayé de passer une seconde nuit, sur une couverture étendue sur un billard, comme sommier.

J'avais bien une combinaison en tête, mais j'avais peur de frapper à la porte de l'hôtellerie, dont les servantes sont on ne peut plus agréables et avenantes, mais dont la langue m'est peu familière.

Qu'ai-je fait ? J'ai emmené vers ces endroits — heureux, — ces deux Messieurs Anglais, à qui j'ai persuadé, qu'un lit garni, à Biskra, était de rigueur.

Je suis parvenu à mon but, j'ai fait ce métier dont le nom est une injure en France : je mourrai content.

— Pour la gloire ?

— Non. pour un lit.

— Comment ça ?

— Couchés chez Fatma, ils n'ont pas couché à leur hôtel.

— Et alors ?

— Je me suis saisi de leurs matelas.

Les Anglais s'approchaient, en s'époussetant ; le Dijonnais leur adressa la parole, et bientôt tous les voyageurs ne formèrent qu'un seul cercle.

L'un des Anglais parlait assez difficilement le français ; le filateur, qui possédait fort bien la langue de Byron, se mit à engager la conversation avec lui, conversation fort banale, d'abord.

Puis, en entendant l'Ingénieur donner des détails techniques sur le pont et la route que l'on regardait, un des Anglais, croyant sans doute avoir affaire à un officier en civil, lui adressa la parole :

— Que de belles choses, lui dit-il, à faire dans tout ce pays !

— Dites, surtout, que de grandes choses de faites.

— Je constate, en effet ; mais c'est bien en retard.

— Ah ! dame ! si nous, Français, n'avions pas des défauts, l'Europe ne nous payerait-elle pas tribut, et la carte du monde ne serait-elle pas changée ? Votre immense empire colonial existerait-il ? Nous avons nos défauts ; mais pourquoi ne voir que nos verrues, nos travers, qui, en somme, ne sont préjudiciables qu'à nous-mêmes ?

Vous oubliez, sans doute, mon cher Monsieur, que l'Angleterre, avant la France, a essayé de venir prendre cette terre. — Elle n'a réussi qu'à intimider le dey d'Alger ; mais jamais elle n'aurait osé entreprendre cette conquête.

Après avoir passé par toutes les douleurs de l'enfantement, et de l'état grossier de l'enfance, ce pays se dégrossit ; il se développe avec une surprenante rapidité.

— Oui, j'étais venu, il y a sept ans en Algé

rie, et, depuis cette époque, je trouve des changements énormes.

— Trouvez-vous, selon votre habitude, « que la poire est mûre ? »

— Les Français nous croient d'insatiables mangeurs parce que nous sommes des gens pratiques et des heureux en affaires ; mais nous savons mettre à la raison notre imagination. L'Algérie est certes un pays d'avenir, une puissance formidable sur la Méditerranée ; mais ce serait folie à nous de la convoiter. Ne nous craignez donc pas de ce côté-là.

— Mais peut-être de ce côté-là et de l'autre aurons-nous à vous redouter ?

— Pourquoi ?

— N'êtes-vous pas avec nos ennemis, qui déjà guettent, depuis des années, des occasions pour nous susciter des querelles d'Allemands, afin de revenir embaucher nos pendules et voler nos barriques de vin ?

— Et vous croyez que nous serions avec eux pour vous attaquer ? Je n'y vois point notre intérêt.

— Eux, ont peur d'engager seuls la partie ; ils peuvent vous faire espérer bien des choses, vous faire voir la lune et vous l'offrir, vous l'abandonner quand une quatrième fois ils

auront ramené leurs chevaux boire dans la
Seine.

— Nous craignons bien plutôt que ce ne soit
vous qui nous attaquiez.

— Vraiment, Bismarck est donc le cerveau
par qui pense l'Angleterre ; serait-ce aussi votre
grand chancelier ?

— Ah, non ! nous n'aimons même pas cet
homme — this man.— C'est votre abaissement,
vos discordes agaçantes et puériles qui l'ont fait
grand ; et c'est votre tempérament qui vous
force à vous battre à tort et à travers.

— Vous m'apprenez des choses bien extraor-
dinaires !

— Et, qu'aviez-vous donc pour chercher noise
à la Chine ? Elle cédait tout ce que vous dési-
riez ; mais il vous a fallu de la poudre, du tintamarre, du bruit guerrier.

En Angleterre, nous sommes persuadés que
nous connaissons mieux que vous, comment
vos affaires sont conduites. On vous trompe
admirablement en vous pinçant sur la corde
chauvine. Un drapeau à la main, la bouche
pleine de l'honneur de la Patrie — l'orateur empoigne une chambre française comme un ténor,
un cabotin du théâtre du Château-d'Eau. Et
tout cela pourquoi ?

Pour des pirates, contre qui, quelques régi-

ments décidés et bien conduits de suite, auraient
pu tout arrêter immédiatement. Mais, que
diable ! On tient de son père ! Et, pour vous
faire plaisir, on a été en Chine, faire du pétard !

— Oui, vous pouvez en parler de la Chine,
nous y avons joué de bons tours.

— Nous avons d'abord agi en amis, seulement, à la fin, quand nous avons vu que vous
conduisiez vos affaires à l'étourdie, avec fracas,
pour nous gêner peut-être, là-bas, où depuis
longtemps nous avons établi de gros intérêts,
avec une ferme espérance de réussir, alors, nous
avons défendu nos intérêts.

Et aussi, après une campagne commencée par
des chants d'Homère, — vous me permettez la
comparaison, — comme le moucheron tour-
mentant et abattant le lion, vous êtes tombés
dans la plus drôle toile d'araignée qu'il soit possible de voir.

Vous aviez toute l'Afrique sous la main ; que
n'y avez-vous pas dépensé tous vos millions
engloutis dans l'Extrême-Orient ! Vous êtes des
lâcheurs de proie pour l'ombre. Malheureusement avec vos défauts de raisonnement, vous
avez un génie merveilleux, une industrie inouïe
dans vos entreprises les plus folles, et alors,
par une lubie, vous pouvez devenir excessive-
ment dangereux pour vos voisins, même pour

vos amis, qui désirent continuer les bons rapports commerciaux établis, et rester en de bons
termes. Que croyiez-vous que vos ennemis
puissent nous offrir pour nous faire mettre
contre vous ? L'obélisque, le Louvre. Nous
n'avons rien à vous prendre, ni à vous envier ;
nous ne voulons que sauvegarder nos intérêts.

— Où ceux de vos amis ?

— Je n'ai jamais entendu dire que don Qui-
chotte ait fait époque en Angleterre.

Otez donc de votre esprit ces chimères et ces
sinistres visions, et il ne tient qu'à vous, en de-
venant habiles, de n'avoir jamais à nous craindre, dans vos démêlés avec vos voisins. Il n'y a
pas un pays, où l'Anglais ne se plaise plus
qu'en France. Paris, pour nous, a un charme
étrange : il nous attire, il nous fascine et nous
ne pouvons pas nous y croire à l'étranger, tant
son air aimable, vis-à-vis de nous, est naturel
et agréable. Pour l'Anglais riche, Paris devient
une nécessité ; c'est un luxe de bon ton, une re-
lation de bonne compagnie, une promenade exi-
gée des raffinés, des curieux, des élégances de la
vie moderne et des imprévus pittoresques et nombreux de cette immense agglomération de tous
les mondes, roulant dans une si vive, si joyeuse,
si séduisante allure ! Monde des arts, monde
de vos théâtres, qui attirent tous les étran-

gers comme les quinquets des foires, monde de
vos femmes et, même, de vos politiques ; pan-
tins grotesques s'ils n'étaient pas si souvent
dangereux.

Non, Monsieur, John' Bull d'aujourd'hui, n'est
plus l'ennemi acharné du « mangeur de grenouilles » ; et ce ne sera certes pas pour l'Algérie
que ces deux terribles et antiques teneurs de
rancune rentreront dans l'arène.

Vous avez conquis l'Algérie, gardez-la; longtemps s'il se peut. Mais avant peu, elle s'éman-
cipera, deviendra une excellente cliente de
notre commerce, et, sans que nous ayons à
déplorer la mort d'un homme ou la perte d'un
penny.

— Vous croyez ? Telle est votre opinion ?

— J'en suis forcément convaincu ; vous pouvez juger, si alors nous sommes peu à craindre comme des compétiteurs sérieux de ce pays.

Je comprends que son avenir vous préoccupe
et que sa possession vous touche au cœur.

L'Algérie est devenue plus qu'un membre de
la France. C'est un organe et je puis m'exprimer ainsi, essentiel dans son organisme. C'est
un admirable étai, qui consolide sa puissance,
et peut l'encourager à oser élever plus haut encore sa domination sur la Méditerranée et en
Afrique. Mais si jamais il venait à lui être ôté,

ce serait un écroulement lamentable; à elle d'y veiller, à vous de la défendre. »

La machine du train, en partance, faisait ses manœuvres. Les touristes gagnèrent la gare. Derrière la maison du restaurant un bouquet d'arbres de Judée, tout en fleurs, brillait au soleil.

Cette robe légère et parfumée, cette délicieuse parure de printemps de ces arbres d'El-Kantara, pareille à un amas de flocons de neige semés de pointes de corail, rappela aux voyageurs, sur leur départ, la parure que pouvaient avoir alors, le long de la Seine, les mêmes arbres, la neige lourde et glacée, qu'ils allaient retrouver.

D'un dernier regard amoureux et content, ils dirent adieu aux grandes montagnes rubescentes, à cette échancrure énorme, laissant apercevoir les têtes vertes des premiers palmiers et les horizons voisins du désert. Avant de monter en wagon chacun se retournait encore et saluait ce site merveilleux. Le voyage au Sahara était terminé.

A El-Guerrah, les lignes se croisent, on change de train. Plusieurs des touristes regagnèrent Constantine et Paris; d'autres filèrent sur Alger. Ils se séparèrent heureux, enchantés.

Quand reviendrons-nous? se disaient-ils mutuellement. Je ne sais, répondaient-ils; mais certainement nous reviendrons à Biskra.

Les voyageurs ne devaient rester que quelques jours à Alger, ils y restèrent bien plus longtemps, étonnés, captivés. Pleine des contrastes de la vie moderne d'Afrique, Alger ne présente pas des oppositions aussi fortes, avec une étrangeté aussi brutale, comme Constantine et Biskra. Ce sont les délicatesses, les raffinements de la civilisation mauresque et de la civilisation française que l'on y rencontre.

Au moment où cette voix mystérieuse criait aux navires rasant les côtes de Thessalie : « Pan est mort ! » ce déchirant appel désespéré, ce cri d'agonie étouffé, des bonnes et sensibles divinités de l'Olympe, un groupe de nymphes, aimées d'Apollon, jeunes et décidées, devant cette maudite invasion de la barbarie humaine dans leur bienheureux pays — l'orient de la Méditerranée, — ont sans doute, confiantes dans leur ardente jeunesse, voulu fuir la mort et chercher sur d'autres rivages de la mer de leur déesse, un refuge, un asile, une nouvelle patrie, digne d'elles et de leur beauté.

Ce sont elles, dans leur fuite, qui ont trouvé Alger, ce site merveilleux et voisin du jardin des Hespérides ; ce sont elles qui furent les premiers habitants de cette montagne où s'élève aujourd'hui Alger.

Ces exilées de Paphos et d'Amathonte retrouvaient là, leur ciel et leur azur. Au roucoulement des colombes, à la voix stridente des cigales, peuplant les rameaux des bosquets de cette montagne sacrée, elles pouvaient continuer à moduler leurs chants joyeux ou pleins de langueur. Leur mer était toujours devant elles, enchantant leurs yeux rêveurs, par la douceur de sa couleur, de son bleu si profond et si doux.

Sur ces îles, qui lui ont donné son nom à la ville, Djézaïr, sur leur granit noir qui émerge des vagues en face d'Alger, contre les rocs porphyreux qui s'élèvent à la gauche de la ville, la mer vient toujours emplir l'air de son profond murmure, de la rumeur de ses flots, parfois d'éclats grandioses.

A droite, dans l'immense courbe gracieuse du golfe, sur la plage au sable d'or, de ce rivage enchanteur, la Méditerranée déroule à chaque instant son blanc diadème d'écume, et revient sans cesse, l'offrir aux pieds d'Alger et la proclamer sa reine.

Dans une continuelle possession du soleil, dont l'ardeur pour elle n'a pas de saison, amant puissant, toujours fidèle et captive, sous les tièdes haleines, les longs baisers, les voluptueux attouchements d'un zéphyr frais et subtil qui l'enveloppe doucement et la caresse, la Terre, dans cet endroit merveilleux, semble toujours en folie amoureuse ; mais en savourant de la volupté l'incessante ivresse, amante féconde, elle conçoit, elle produit sans relâche. Ses flancs fertiles se couvrent d'une luxuriante et magique parure ; leur richesse étonne et ravit ; cette parure est si éclatante, qu'on devine vite qu'elle est celle de la maîtresse d'Apollon, exilée de l'Orient.

La blanche Alger avec ses maisons brillantes, paraît de loin encore, une ville d'Ionie, implantée sur les côtes d'Afrique ; étagée si hardiment sur ce flanc de montagne, ancien bosquet chéri des Nymphes.

Ce fut une grecque devenue musulmane ; elle avait gardé, malgré l'Islam, la douceur de ses mœurs et sa beauté gracieuse.

Hélas ! Ainsi que tout ce qui est charmant et bon tombe au pouvoir des pervers, Alger, durant des siècles fut la proie, l'esclave, d'une poignée de forbans et de corsaires, terrorisant la Méditerranée et bravant l'Europe.

Grâce à la France, elle est rendue à sa liberté et reprend sa force. Pareille à une plante foulée longtemps aux pieds, grâce à ses profondes racines, dans un sol très riche, sous ce climat exquis, elle repart ; elle se relève avec éclat et regagne sa splendeur.

Longtemps asservie, malgré son long asservissement, elle a gardé sa beauté et reste la sultane de ces rivages.

Le génie français s'est enamouré d'elle ; tous les artistes qui l'ont vue, l'ont peinte et chantée. Qui n'a pas, maintes fois, vu et admiré longuement ses attraits tant célébrés ? Elle va devenir l'endroit le plus séduisant qu'un Français voudra habiter après Paris.

FIN

ERRATA

PAGE 9 ... la promesse de Praxitèle et la... — lire : « la promesse de Praxitèle à Phyrné et la... »

PAGE 11 ... s'il était permis... — lire : « s'il est permis... »

PAGE 16 ... par déduction s'en faire une idée... — lire : « par déduction s'en faire une image... »

PAGE 21 ... de plus beau dans la Juive, c'est l'enfant de 15 à 17 ans ; la Juive... — lire : « de plus beau dans la Juive, c'est l'enfant ; de 15 à 17 ans la Juive... »

... fils d'un officier conquérant... — lire : « d'un officier de la conquête... »

PAGE 22 ... je me dirigeai... j'allai... j'entrai... je me plaçai... — lire : « je me dirigeais... j'allais... j'entrais... je me plaçais... »

PAGE 24 ... je me retirai... je me rappelai... — lire : « je me retirais en me rappelant... »

PAGE 30 ... d'une nimbe... — lire : « d'un nimbe... »

PAGE 44 ... qui avaient été préparés. Au dessus... — lire : « qui avaient été préparés ; puis, au dessus... »

PAGE 52 ... très propre, au milieu de laquelle une table... — lire : « très propre, au milieu de laquelle était une table... »

PAGE 61 ... la coupe est très riche... — lire : « le croupe est très riche... »

PAGE 65 ... vers les voyageurs et lui montrant... — lire : « vers les voyageurs et leur montrant... »

PAGE 66 ... l'oasis de Biskra ; bientôt... — lire : « l'oasis de Biskra ; aussitôt... »

PAGE 70 ... se sont plus à définir... — lire : « se sont plu à décrire... »

... danseuse, quand elle jolie... — lire : « danseuse, quand elle est jolie... »

PAGE 75 ... après avoir demandé : jusqu'à cigarette, : lignes à supprimer.

PAGE 79 ... leur vinrent à la mémoire... — lire : « vinrent à la mémoire des touristes... »

PAGE 82 ... descendu de la mosquée... - lire : « descendus de la mosquée, les touristes sont forcés d'en voir... »

PAGE 95 ... en somme entre les... — lire : « — En somme, entre les... »

Page 95 ... lassive par calcul... beauté plastique à la... — lire : « lascive par calcul... beauté plastique a la... »

Page 97 ... communal fut fondé... — lire : « communal fut fondu... »

Page 119 ... ô ma Lobie... — lire : « ô ma Lesbie... »

Page 122 ... avant-goût de prossession... — lire : « avant-goût de possession... »

Page 128 ... la voilà qu'elle devient... — lire : « la voilà qui devient... »

... Voyez, les mouvements... — supprimer : voyez.

Page 129 ... bientôt indifférente... — supprimer : bientôt.

Page 131 ... voyez cette violence... — lire : « contemplez cette... »

Page 132 ... sont pleines !.. elles ressemblent... — lire : « sont pleines. Elles ressemblent... »

... mais comme ces appels... — lire : « mais puisque ces appels... »

Page 133 ... avec un tout léger mouvement pour... — lire : « avec un tout léger mouvement, elle vient vous sourire pour... »

... et comme je vous le disais... — lire : « ainsi que je vous... »

Page 135 ... avaient pu désirer, si heureuses... — lire : « avaient pu désirer, furent si heureuses qu'elles distribuèrent des... »

Page 143 ... musulman, fin de siècle !... — lire : « musulman, fin de siècle ! ; on quitta le café... »

Page 189 ... du village lui écrit... — lire : « du village lui avait écrit... »

Page 194 ... s'entendent avec eux... — lire : « s'entendait avec elles... »

Page 204 ... en fleur... — lire : « en fleurs... »

Page 209 ... en fumant une cigarette .. — lire : « en fumant un jour une cigarette... »

Page 215 ... intact depuis ces quelques... — lire : « intact encore ces quelques... »

... donnez-nous maintenant... — lire : « après cette histoire racontée, ses amis dirent au colon : donnez-nous... »

Page 242 ... un journal et le lut... — supprimer : et le lut.

IMPRIMERIE PARISIENNE, (E. MOREAU, D^r). 19, FAUBOURG SAINT-DENIS